VEGANE FAMILIENKÜCHE

VON YUMMYPILGRIM

EIN BUCH DER
EDITION MICHAEL FISCHER

INHALT

Kidneybohnen-Bratlinge, S. 62

Tofu-Eieiei, S. 28

Die eine Suppe, S. 86

Kunterbunte Mini-Pizza, S.108

Rosaroter Think-Pink-Smoothie, S.142

SNACKS UND MITBRING-GERICHTE 97

DESSERTS UND SÜSSES 115

DURSTLÖSCHER 135

BESONDERE ANLÄSSE 147

Cremiges Schoko-Träumchen, S.118

Erdbeer-Joghurt-Bark, S.160

VORWORT

Dass ich jetzt an meinem zweiten Kochbuch sitze, erfüllt mich mit Stolz und Freude, denn gutes Essen ist mein großes Thema und mit das Schönste im Leben, oder? Die Nahrungsmittel, die Zubereitung und die Begeisterung für das Kochen möchte ich nicht nur mit euch, sondern auch mit meinem Sohn teilen. Es gibt fast nicht Schöneres, als sein „Mmmh" zu hören, wenn er ein Essen von Mama vor sich hat. Mein Sohn ist meine Inspiration, auch für dieses Buch! Ich möchte ihm gesunde, pflanzenbasierte, vielfältige und yummy Gerichte zubereiten, und das sollte auch im stressigen Alltag machbar sein. Darüber hinaus soll es immer auch der ganzen Familie schmecken, denn wer will schon für jede*n einzeln kochen? Dieser Aufgabe habe ich mich gestellt – und das nicht nur, um dieses Buch hier schreiben zu können, sondern weil genau das mein Leben ist.

Seit ich Mutter bin, ist mir das Thema Ernährung noch wichtiger geworden. Ich habe mir beim Beikost-Start so viele Gedanken gemacht, und mein Mann und ich hatten Angst, unserem Kleinen das Falsche zu geben. Was ist, wenn er es nicht mag oder sich verschluckt? Was sollte sein erstes Essen überhaupt werden (Es wurde übrigens Kürbis und es lag mehr auf dem Boden und in meinen Haaren, als gegessen wurde)? Später machte ich mir dann Sorgen, ob er denn auch genug essen und somit alle Nährstoffe erhalten würde. Aber wisst ihr was? Das wissen die Kleinen selbst schon sehr gut. Sie essen intuitiv und wissen genau, wann sie genug haben oder mehr wollen. Das können wir von unseren Sprösslingen nämlich noch lernen: mehr auf uns selbst zu hören.

Unsere Aufgabe ist es, ihnen die richtigen Lebensmittel anzubieten, und das am besten so bunt wie möglich! Dann ist das Thema Nährstoffe auch kein Problem mehr.

In den folgenden Rezepten bekommt ihr einen tollen Mahlzeiten-Baukasten fürs stressfreie Meal Prepping und yummy vegane Rezepte ohne Zucker – vom Frühstück bis hin zu besonderen Anlässen – die der ganzen Familie schmecken. Außerdem klären wir gemeinsam mit Carmen Hercegfi, Ernährungsberaterin für vegane Familien, die Mythen zum Thema Kinder- und veganer Ernährung.

Also, let´s eat the rainbow!

Eure Mira

ÜBER DIESES BUCH

Am allerwichtigsten ist es, zu sagen, dass dieses Buch nicht mit erhobenem Zeigefinger oder vorgegebenen „So oder gar nicht!"-Regeln eine vegane Küche in euer Zuhause bringen möchte.

Meine Rezepte sind immer als Inspiration zu verstehen und können super gerne nach Belieben oder Zeit angepasst werden. Wer das ein oder andere Gemüse nicht da hat oder (gerade) mag, soll es gerne austauschen, und wer doch lieber Zucker nehmen möchte, kann dies natürlich auch gerne tun. Die Rezepte in diesem Buch sind nicht in Stein gemeißelt und haben keine festen Regeln, sondern sind vielmehr da, um eure Kreativität anzuregen und den Gaumen mit neuen Geschmäckern zu überraschen. Genau das erzähle ich auch schon seit Jahren meiner Community bei meinen Rezept-Videos auf YouTube.

Ganz egal, ob ihr bereits vegan lebt, oder eure Familie ein bisschen mehr für eine pflanzenbasierte Ernährung im Alltag begeistern möchtet, am Ende zählt nur eins: Es muss schmecken!

Ich selbst lebe seit 2016 vegan. Die Art, wie wir uns ernähren, hat nicht nur Auswirkungen auf unsere eigene Gesundheit, sondern auch auf unsere Umwelt und andere Lebewesen. Ich versuche, mit meinem Konsumverhalten kein Tierleid zu verursachen, und setze mich für den Tierschutz ein.

Seit ich vegan lebe, habe ich mich bewusster mit dem Thema Ernährung auseinandergesetzt. Ich habe so viel Neues in der Küche dazugelernt. Da soll man meinen, dass man als Veganer*in auf etwas verzichtet, doch ich wurde wirklich bereichert!

Als junge Mama möchte ich meinen Sohn auch vegan ernähren, eben weil es für mich das Natürlichste ist, ich koche schließlich für mich schon ewig so. Durch die Geburt unseres Sohnes ist meine Küche durchgeplanter, würde ich sagen. Ich koche gerne vor und habe immer einen Snack für unseren Wirbelwind parat. Ich habe schon immer gerne unkompliziert und schnell gekocht – und mit Kind ist das natürlich mehr als gewünscht. Die Rezepte in diesem Buch sind nicht nur für Kids entstanden, sondern auf die komplette Familie ausgelegt. Sie gehen schnell – ein guter Mixer wird euer neuer bester Freund werden – sie sind vollwertig und können super mit den Kids gemeinsam zubereitet werden.

Für meinen kleinen
Wirbelwind. Meine Inspiration …
Für immer immer immer.

DIE VEGANE ERNÄHRUNG, UND WIE SIE FUNKTIONIERT

WER SCHREIBT HIER

Carmen Hercegfi ist als Ernährungsberaterin schon seit 2014 auf die vegane Ernährung für Familien spezialisiert. Sie hat bereits zwei umfangreiche Bücher zu diesen speziellen Lebensphasen veröffentlicht. 2017 erschien ihr erstes Werk „Vegan in anderen Umständen", ein Ratgeber mit Kochbuch rund um die vegane Schwangerschaft und Stillzeit. Zwei Jahre später folgte „Vegan für unsere Sprösslinge", das die Themen Beikost, Kinder und Teenies thematisiert. Sie begleitet Familien tagtäglich in der Praxis mit Ernährungsberatungen, Online-Kursen und veröffentlicht viele Artikel und Rezepte in ihrem Online-Magazin auf **www.vegane-familien.de**. Sie verknüpft das theoretische Wissen und neue wissenschaftliche Erkenntnisse immer mit den Erfahrungen der von ihr betreuten Familien.

FÜR DEN ANFANG – WARUM MUSS MAN BESONDERS AUF DIE NÄHRSTOFFE ACHTEN, DIE MAN ZU SICH NIMMT?

Der menschliche Körper ist ein Wunder. Den ganzen Tag werden Bausteine aus der Ernährung in ihre Einzelteile zerlegt, weiter umgebaut, verbraucht und die Endprodukte wieder ausgeschieden. Was sich ein wenig abstrakt anhört, wenn man sich nicht tiefer mit unserem Organismus auseinandersetzt, sind wahnsinnig komplexe und lebenswichtige Vorgänge. Vereinfacht gesagt geschieht Folgendes: Eiweiß, Fett und Kohlenhydrate, die wir mit unserer Ernährung aufnehmen, sind für unseren Körper Baustoffe und liefern Energie. Man nennt sie Makronährstoffe. Ohne sie läuft nichts. Es gäbe keine Muskeln, kein Gehirn und keine Energie. Keine Stoffe würden im Körper von A nach B transportiert werden und unser Immunsystem könnte einpacken.

Mineralien, Spurenelemente und Vitamine werden zu den Mikronährstoffen gezählt. Sie liefern zwar keine Energie, sind jedoch wichtige Faktoren, damit die energieliefernden Nährstoffe weiterverarbeitet werden können. Heruntergebrochen bedeutet das, dass Makro- und Mikronährstoffe den menschlichen Körper am Leben erhalten. Fehlen über einen bestimmten Zeitraum auch nur einzelne Nährstoffe, funktionieren bestimmte Prozesse im Stoffwechsel nicht mehr. Es kommt zu Mangelsymptomen, die zunächst unspezifisch sind, wie z.B. Müdigkeit und Erschöpfung – eine wahre Volkskrankheit – und im weiteren Verlauf auch zu deutlichen Symptomen, die teilweise auch irreversibel sein können (wenn die Nerven betroffen sind).

Wenn man sich die Menschen in den Industrienationen anschaut, könnte man meinen, dass wir kein Problem mit Unterernährung haben, da es immer mehr gut genährte oder auch übergewichtige Personen gibt (auch schon im Kindesalter). Interessanterweise schließt Übergewicht eine Mangelernährung nicht aus. Übergewicht entsteht z.B. bei einer übermäßigen Energiezufuhr. Übergewicht kann auch krankheitsbedingt sein, doch lege ich den Fokus an dieser Stelle auf Ernährungsfehler. Pommes, Eis, Kuchen und Pizza – all diese Dinge liefern viele **Makro**nährstoffe. Die Menschen werden satt, nehmen sogar Stück für Stück zu, doch gleichzeitig werden bei einer Ernährung mit wesentlichen Teilen an Fast Food zu wenig **Mikro**nährstoffe zugeführt. Eine Mangelernährung, die sich auf Vitamine, Mineralien und Spurenelemente bezieht. Und dann beginnt die Kaskade mit Mangelsymptomen und Erkrankungen, die oft mit der Einnahme von Medikamenten statt mit einer Ernährungsumstellung und Sport endet. All dies gilt es durch eine gesunde Ernährung zu verhindern.

Warum steht das nun in einem Buch zur veganen Ernährung für Kids? Ist das nicht ein Gegensatz in sich? Ist die vegane Ernährung nicht auch eine Mangelernährung? Oder bringt die vegane Ernährung gar gesundheitliche Vorteile?

Ob die rein pflanzliche Ernährung gesundheitliche Vorteile bringt, hängt insbesondere davon ab, **wie** sie umgesetzt wird. Man kann sich auch vegan den ganzen Tag von Fertigpizza, Pommes, Eis und Torte ernähren – genau wie in der Mischkost auch. Der entscheidende Unterschied liegt in der Ausführung der veganen Ernährung. Und aufgrund der Tatsache, dass immer mehr Kinder in den Industrienationen von Übergewicht und ernährungsbedingten Krankheiten betroffen sind, ist es wichtig, dass sich Eltern die Zusammenhänge so früh wie möglich klarmachen, um von Anfang an die Weichen richtig zu stellen.

Liegt der Fokus auf einer **vollwertig** pflanzlichen Ernährung, wirkt sich dies häufig positiv auf die Verdauung sowie auf ein gesundes Körpergewicht aus. Diese beiden Faktoren sind für viele Zivilisationskrankheiten mitverantwortlich. Ein klassisches Beispiel dafür ist das metabolische Syndrom – auch das tödliche Quartett genannt – bei dem es zu starkem Übergewicht mit bauchbetonter Fetteinlagerung, zu Bluthochdruck, einem gestörten Zucker- und/oder gestörten Fettstoffwechsel kommt. Man spricht bei diesen Erkrankungen auch von Wohlstandserkrankungen, weil sie Folgen eines modernen Lebensstils sind, die aufgrund von zu wenig körperlicher Bewegung und Fehlernährung entstehen. Mit einer vollwertig pflanzlichen Ernährung können derartige Erkrankungen verhindert oder sogar, je nach Stadium, rückgängig gemacht werden. Die Studienlage ist teilweise nicht ganz eindeutig und eine vegane Ernährung schneidet nicht unbedingt zwangsläufig besser ab, was an der nicht festgelegten Definition liegt. Eine vegane Ernährung bedeutet „nur" das Weglassen jeglicher tierischer Produkte und lässt damit eine große Bandbreite an möglichen Ernährungsweisen von Pudding-vegan bis vollwertig-pflanzlich zu. Das ist übrigens auch der Grund, warum wir manchmal negative Schlagzeilen mit kranken veganen Kindern in den Boulevardblättern ertragen müssen. Bei diesen Kindern wurde sicherlich nicht auf eine vollwertig pflanzliche Ernährung inkl. der richtigen Supplemente geachtet (vor allem B12 ist hier ein Thema – dazu mehr auf den nächsten Seiten).

AUS **WELCHEN GRÜNDEN** IST EINE **VEGANE ERNÄHRUNG SINNVOLL?**

Aus gesundheitlicher Sicht muss es keine rein vegane Ernährung sein. Eine vollwertige und pflanzenbasierte Kost mit kleinen Mengen tierischer Produkte wäre ausreichend. Die Gründe für eine 100 % vegane Ernährung liegen überwiegend in ethischen Aspekten.

Fakt ist, dass mit jeder Ernährungsweise eine Mangelernährung möglich ist. Eine vegane Ernährung führt nicht zwangsweise zu einem Mangel, sofern die Empfehlungen für Ernährung und Nahrungsergänzung beachtet werden.

Was veranlasst also die immer größer werdende Schar an Menschen, sich überwiegend (flexigan) oder rein pflanzlich (vegan) zu ernähren oder sogar in allen Lebensbereichen vegan zu leben?

Die Antwort ist eigentlich recht simpel. In den letzten 50 Jahren gab es beim Thema „Nutz-"tierhaltung immer extremere Veränderungen. Im Wort „Nutztier" steckt schon das Benutzen/Ausnutzen. Tiere werden benutzt wie Gegenstände – und nicht behandelt wie Lebewesen. Wie bei allen industriellen Produktionen müssen Prozesse immer weiter optimiert werden, bis immer niedrigere Stückkosten erreicht werden. Dafür mussten die Betriebe immer weiter wachsen – die Massentierhaltung war geboren und wurde immer mehr ad absurdum geführt. Die glückliche Kuh auf der Weide, wie sie den Verbraucher*innen auch heute noch immer vorgegaukelt wird, gibt es kaum noch. Stattdessen gibt es jede Menge Tierqual in immer größeren Betrieben. Schweinehochhäuser, der Tönnies-Skandal 2020, lebende Ferkel unter Kadavern in einer Schweinemastanlage 2021, Salmonellen, Listerien und E. coli in tierischen Lebensmitteln – die Meldungen häufen sich zunehmend. Hinzu kommt die Gefahr von multiresistenten Keimen durch den großzügigen Einsatz von Antiobiotika in der Massentierhaltung.

Wenn Menschen sich mit diesen Zuständen beschäftigen, gibt es nur zwei Möglichkeiten: Entweder machen sie sich darüber lustig, um sich selbst davon zu distanzieren, oder sie beginnen, ihren Konsum zu überdenken. Sie fangen an, weniger tierische Produkte zu kaufen und weichen immer häufiger auf rein pflanzliche Alternativen aus.

Es sprechen auch weitere Gründe für eine pflanzliche Ernährung: „So verursachen pflanzliche Lebensmittel in der Regel erheblich weniger Umweltbeeinträchtigungen (zum Beispiel Treibhausgase, Bodenbelastung, Wasserverbrauch, Grundwasserbeeinträchtigung) als Lebensmittel tierischer Herkunft.", liest man im nationalen Programm für nachhaltigen Konsum 01/19 des Bundesministeriums für Umwelt.

WELCHE FOOD-BAUSTEINE SOLLTE MAN IM AUGE BEHALTEN?

Ein häufiges Argument für tierische Lebensmittel sind die Nährstoffe, die beim Verzicht auf ebenjene fehlen würden. Tatsächlich ist es aber so, dass wir alle Nährstoffe auch im Pflanzenreich finden können. Allerdings können wir nicht alle Nährstoffe ausreichend über eine rein pflanzliche Ernährung decken. Der kritischste Nährstoff ist Vitamin B12. Er ist zwar in bestimmten Algen oder auch in Sauerkraut zu finden, doch ist eine Deckung mit rein pflanzlichen Lebensmitteln nach heutigem Wissensstand nicht möglich. Auch bei Vitamin D gelingt dies nicht – im Übrigen genau wie bei der Mischkost.

Darum gilt als Grundprinzip die Sicherstellung der Versorgung über bestimmte Lebensmittelgruppen sowie die ergänzende Zufuhr von Supplementen, um entsprechende Lücken zu decken.

WELCHE LEBENSMITTEL KOMMEN AUF DEN **VEGANEN TELLER?**

- Stärkehaltige Produkte wie Getreide, Kartoffeln und Pseudogetreide
- Hülsenfrüchte (hierzu gehört auch Tofu)
- Gemüse und Obst
- Nüsse und Samen (als Mus)

UND ZUSÄTZLICH

- Gesunde Öle (Leinöl, Rapsöl, Olivenöl, Kokosöl)
- Jodsalz + ggf. Algen
- Calciumreiches Mineralwasser und calciumangereicherte Pflanzendrinks

WELCHE SUPPLEMENTE SIND **EMPFEHLENSWERT?**

- Vitamin B12 (!!)
- Vitamin D (!)
- Omega3 (-> DHA) (!)
- Jod, falls keine Algen verwendet werden (Jodsalz alleine deckt den Bedarf nicht ausreichend)
- Selen (nach dem Abstillen oder nach Absetzen der Formula-Nahrung durchaus sinnvoll)

Ja – eine rein pflanzliche vegane Ernährung ist etwas komplizierter als eine pflanzenbasierte Ernährung mit geringen Anteilen tierischer Lebensmittel – aber sie fühlt sich so viel besser an und ist unsere kleine Revolution auf dem Teller. Sie ist unser Statement gegen die Zustände in der Massentierhaltung, gegen die Misshandlung von Lebewesen, und sie wirft die Frage auf, warum das Leben einer Kuh weniger wert ist als das eines Hundes ...

DIE VEGANE ERNÄHRUNG UND NÄHRSTOFFVERSORGUNG BEI SÄUGLINGEN UND KINDERN

Genau wie in der veganen Ernährung für Erwachsene müssen selbstverständlich auch bei Kindern die potentiell kritischen Nährstoffe durch die richtige Ernährung und Nahrungsergänzungsmittel abgedeckt werden. Hinweise auf die Versorgung veganer Kinder liefern uns nicht nur Studien, sondern auch das Wissen über die Unterschiede zwischen Kindern und Erwachsenen.

Kinder sind **keine** kleinen Erwachsenen. Sie haben im Gegensatz zu bereits ausgewachsenen Menschen einen Aufbau- statt Erhaltungsstoffwechsel. Im Verhältnis zu Gewicht und Größe ist der Nährstoffbedarf meist größer, weil der Körper, wie das Wort „Aufbau-"stoffwechsel verrät, noch mit dem Aufbau von Geweben beschäftigt ist.

Dies zeige ich am Beispiel Eiweiß: Bei Babys nach der Geburt liegt der tägliche Eiweißbedarf pro kg Körpergewicht bei stattlichen 2,5 g und sinkt dann recht rasch auf 1,3 g/kg Körpergewicht bei 4–12 Monate alten Babys. Wohl alle Eltern kennen dieses rasante Wachstum nach der Geburt, bis die Babys schon nach 5 Monaten ihr Geburtsgewicht verdoppelt haben. Kein Wunder, dass der Eiweißbedarf in dieser Lebensphase am höchsten ist. Bei den DGE-Empfehlungen für Säuglinge bis 4 Monate handelt es sich um Schätzwerte, die sich am Eiweißgehalt in der Muttermilch orientieren.

Bis zum Alter von 4 Jahren entnehmen wir den Empfehlungen noch einen Bedarf von 1 g/kg Körpergewicht. Bis 14 Jahre bei Mädchen und bis 18 Jahre bei Jungs noch 0,9 g/kg. Im Erwachsenenalter liegt der Bedarf dann mit 0,8 g/kg auf dem niedrigsten Niveau und steigt erst wieder nach dem 65 Lebensjahr voraussichtlich auf 1,0 g/kg. Schwangere und Stillende haben ebenfalls einen etwas höheren Bedarf.

Noch deutlicher wird diese Veränderung bei Eisen. Säuglinge ab 4 Monate haben eine empfohlene Zufuhr von 8 mg/Tag, während für erwachsene Männer nur 10 mg empfohlen werden, obwohl sie ein Vielfaches wiegen. Für jugendliche Mädchen und erwachsene Frauen vor der Menopause beläuft sich die Empfehlung auf 15 mg. Der höhere Bedarf ist der Regelblutung geschuldet. Insbesondere bei jüngeren Kindern ist es eine Herausforderung, die Zufuhrempfehlungen zu erreichen, denn die Nahrungsmenge und der Kalorienbedarf sind deutlich kleiner als bei Erwachsenen.

Deshalb sollten insbesondere Kinder energie- und nährstoffreiche Lebensmittel essen, und die notwendigen Nahrungsergänzungsmittel erhalten. Außerdem gibt es spannende Kniffe bei Lebensmittelkombinationen und Zubereitungstechniken, die die Aufnahme von verschiedenen Nährstoffen erhöhen. Was im ersten Moment etwas kompliziert klingt, ist mit ein wenig Übung gar nicht so ein Hexenwerk wie befürchtet, und die Mamas und Papas in meiner Beratung überraschen mich immer wieder aufs Neue mit ihren umfangreichen Kenntnissen und vorbildlichen Kochkünsten.

Und last but not least haben Säuglinge und Kinder noch keine oder keine ausreichenden Speicher. Wenn ein Erwachsener auf eine vegane Ernährung umstellt, kann er bei B12 teilweise mehrere Jahre von seinem Speicher profitieren (abhängig von seiner Ernährung zuvor). Supplementiert die Mutter in Schwangerschaft und Stillzeit nicht, und wird ab der Beikost kein weiteres Nahrungsergänzungsmittel verabreicht, kommt es mit hoher Wahrscheinlichkeit bei rein vegan ernährten Kindern zu schweren neurologischen Symptomen. Dabei ist dieses Risiko wirklich ganz leicht zu umgehen ...

WIE SICH **VEGANE KINDERERNÄHRUNG** VON **MISCHKÖSTLICHER ERNÄHRUNG UNTERSCHEIDET**

In der jüngsten Vergangenheit wurden einige Studien zur veganen Kinderernährung veröffentlicht. Alleine in Deutschland gab es zwei Studien: Die VeChi-Diet-Studie, die vegane Kleinkinder zwischen 1–3 Jahren untersuchte, sowie die VeChi-Youth-Studie, die Kinder im Alter von 6–18 Jahren im Fokus hatte. Die größte Anzahl mit 430 und 390 untersuchten Kindern und Jugendlichen finden wir in diesen Studien. Es wurden jeweils Kinder untersucht, die sich mischköstlich, vegetarisch oder vegan ernährten. Die Gruppen waren ähnlich groß. In beiden Studien wurden Ernährungstagebücher ausgewertet. In der VeChi-Youth-Studie wurden die Kinder darüber hinaus noch körperlich untersucht sowie Blutproben ausgewertet. Fast zeitgleich erschienen zwei Studien aus Finnland und Polen mit einer kleineren Anzahl erfasster Kinder.

Vorausgeschickt sei an dieser Stelle noch, dass Studien zum Thema Ernährung nie wirklich repräsentativ für die Gesamtbevölkerung sind, denn die Teilnahme ist freiwillig und spricht eher Ernährungsinteressierte an. Zudem ist eine Verblindung nicht möglich, denn alle Teilnehmenden wissen, was sie essen. Dieser kleinen Einschränkung muss man sich bei der Interpretation bewusst sein. Das Hauptproblem in der Ernährungsberatung ganz allgemein ist immer, **die** Menschen zu erreichen, die sich **nicht** mit ihrer Ernährung auseinandersetzen, was uns möglicherweise die Studie aus Polen eindrücklich zeigt.

Alle Studien geben gute Hinweise, worauf vegane Eltern achten sollten. Besonders aus der Studie in Polen, die insgesamt weniger gute Ergebnisse für vegane Kinder zeigte, kann geschlussfolgert werden, dass eine Auseinandersetzung mit dem **WIE** der ausreichenden Nährstoffversorgung wichtig ist. In den Ergebnissen war zu erkennen, dass prozentual deutlich weniger Eltern bei den Kindern Vitamin B12 supplementierten oder mit Vitamin B12 angereicherte Produkte verwendeten. Dieser Punkt lässt vermuten, dass die Kinder zwar vegan ernährt wurden, den Eltern aber nicht genug Informationen zu dieser Ernährungsform vorlagen oder sie sich nicht genug informiert hatten. Noch schlechtere Ergebnisse zeigte die Versorgung mit Vitamin-D-Supplementen. Diese Tatsachen sind vermutlich die Erklärung für die schlechteren Ergebnisse gegenüber der Kinder in den VeChi-Studien. Das Beispiel Vitamin B12 zeigte in den Studien aus Deutschland inklusive Supplementierung die höchste Zufuhr im Vergleich zu mischköstlichen und vegetarischen Kindern, jedoch auch, dass ohne die Supplementierung die Zufuhr vergleichsweise am schlechtesten gewesen wäre.

Doch die veganen Kinder schnitten in Punkto Zufuhr nicht immer am schlechtesten ab. Die VeChi-Diet-Studie liefert uns einige Punkte zur Makro- und Mikronährstoffzufuhr. So zeigt sich beispielsweise bei den **veganen** Kinder folgendes. Sie erreichten:

* Die höchste Zufuhr von Vitamin E (verglichen mit den anderen Gruppen)
* Die höchste Zufuhr von Vitamin B1
* Die höchste Zufuhr von Vitamin B12 (mit Supplementen)
* Die höchste Zufuhr von Folat
* Die höchste Zufuhr von Magnesium
* Die höchste Zufuhr von Eisen
* Die höchste Zufuhr an mehrfach ungesättigten Fettsäuren
* Die niedrigste Zufuhr an gesättigten Fettsäuren (positiv zu bewerten)

Im Vergleich dazu hatten die **mischköstlich** ernährten Kinder:

* Die höchste Zufuhr an Vitamin B2
* Die höchste Zufuhr von Calcium
* Die höchste Zufuhr von Jod
* Die höchste Zufuhr an DHA (eine spezielle mehrfach ungesättigte Fettsäure)
* Die höchste Zufuhr von B12 (ohne Supplementierung)

Jedoch erreichte **keine** der Gruppen die Zufuhrempfehlungen von:

* Jod
* Vitamin D

Darüber hinaus erreichten die **vegetarisch und vegan** ernährten Kinder ohne Supplemente nicht die Zufuhr von:

* Vitamin B2
* Vitamin B12

Wie kann es sein, dass die Eisenzufuhr bei den veganen Kindern am höchsten ist? Dies beantwortet sich mit der Tatsache, dass pflanzliche Produkte häufig über viel Eisen verfügen. Allerdings erreichen die Kinder die Zufuhrempfehlungen nicht, wenn man von einer schlechteren Aufnahme von Eisen aus pflanzlichen Quellen ausgeht. Deshalb ist es insbesondere bei Eisen wichtig, auf die richtigen Lebensmittel (+ Kombinationen) und Zubereitungstechniken zu achten.

Wer erinnert sich an dieser Stelle noch an die Zufuhrempfehlungen für Eiweiß? Richtig: Im Alter bis 4 Jahre liegt diese bei 1 g/kg Körpergewicht. Die Studienergebnisse zeigen uns, dass mischköstliche Kinder 2,7 g zuführten, vegetarisch ernährte Kinder 2,6 g und vegane Kinder 2,5 g. Sie lagen am dichtesten an der Zufuhrempfehlung.

Im Übrigen gab es auch keine wesentlichen Unterschiede zwischen der Kalorienzufuhr, genauso wie in den Daten zu Körpergröße und Gewicht. Zu erwähnen ist noch, dass die mischköstlichen Kinder in dieser Studie die höchste Zufuhr an zugesetztem Zucker hatten und die veganen Kinder die höchste Ballaststoffzufuhr.

Die VeChi-Youth-Studie fördert bei der Nährstoffzufuhr ganz ähnliche Ergebnisse zutage, die ich an dieser Stelle nicht weiter ausführe, um den Platz für die Umsetzung der veganen Ernährung freizuhalten. Auf einige Punkte muss jedoch Bezug genommen werden, denn in dieser Studie wurden auch Blutuntersuchungen durchgeführt. Bei vegetarischen und veganen Kindern zeigen sich niedrigere Hämoglobinwerte und Eisenspeicher (Ferritin) als bei mischköstlichen Kindern. Aber alle Gruppen lagen innerhalb der Referenzbereiche, was die Eisenversorgung angeht. Die veganen Kinder zeigten die besten Laborwerte bei Vitamin D, Vitamin B12 und Folat, aber den schlechtesten Wert bei Vitamin B2.

Die Ergebnisse aus den Studien bestätigen die potentiell kritischen Nährstoffe, die uns bereits aus vorangegangenen Studien zu veganer Ernährung für Erwachsene bekannt sind. Grundsätzlich bleiben immer noch kleinere Fragen offen, da das Studiendesign (wie ist die Studie aufgebaut?) aus Budgetgründen oftmals nicht unbegrenzt Untersuchungen möglich macht. Es bleibt also weiterhin spannend auf dem Gebiet der Ernährungswissenschaft – vor allem in Bezug auf die vegane Ernährung in allen Lebensphasen.

Trotz kleinerer offener Fragen lässt sich die vegane Ernährung relativ unproblematisch umsetzen. Da ich zu diesem Zeitpunkt selbst seit 7 Jahren vegane Familien berate, kann ich recht gut einschätzen, ob die aktuellen Empfehlungen aus der Ernährungswissenschaft auch in der Praxis funktionieren.

In der veganen Ernährung gibt es offiziell folgende kritische Nährstoffe:

- **Vitamin B12**
- **Vitamin D**
- **Vitamin B2**
- **Calcium**
- **Eisen**
- **Zink**
- **Jod**
- **Selen**
- **DHA**
- **Eiweiß**

Wie den Ergebnissen der VeChi-Studien zu entnehmen ist, ist Eiweiß nicht wirklich kritisch. Allerdings können hier einige Aminosäuren (das sind die Bausteine von Eiweiß) knapp werden. Daher ist es wichtig, über den Tag verteilt verschiedene Eiweißquellen zu essen sowie etwas mehr Eiweiß zuzuführen, als empfohlen wird. Das klingt alles komplizierter, als es ist, denn Eiweiß steckt in sehr vielen pflanzlichen Lebensmitteln.

WELCHE SUPPLEMENTE SOLLTEN AUCH KINDER BEKOMMEN?

Vitamin B12, Vitamin D, Jod und Omega-3-Fettsäuren (DHA) sollten über ein Nahrungsergänzungsmittel (NEM) zugeführt oder ergänzt werden. Sinnvoll ist auch die Ergänzung von Selen. Normalerweise wäre Selen in unseren Böden zu finden und damit automatisch auch in pflanzlichen Lebensmitteln vorhanden. Allerdings sind die Böden in Europa inzwischen sehr selenarm, und eine Versorgung ist nicht unbedingt sichergestellt. Auch in der Massentierhaltung wird Selen mit dem Tierfutter zugeführt – also quasi indirekt supplementiert.

Bei den anderen Nährstoffen sollte darauf geachtet werden, die Zufuhr möglichst über eine abwechslungsreiche Ernährung zu decken. Welche Lebensmittel verstecken diese Nährstoffe, wofür sind sie wichtig und was passiert bei einem Mangel?

NÄHRSTOFF	LEBENSMITTEL	WICHTIG FÜR	MANGELSYMPTOME
Vitamin B12	Keine ausreichende Versorgung möglich, Nahrungsergänzungsmittel (NEM)	Zellstoffwechsel, Blutbildung, Nervensystem	Kribbeln, Taubheit, Einschlafen der Glieder bis hin zu Depressionen und Demenz
Vitamin D	Keine ausreichende Versorgung möglich (Sonne + NEM)	Immunsystem, Knochenstoffwechsel und mehr	Erhöhte Infektanfälligkeit, Abnahme der Knochendichte, Rachitis, Osteopenie und mehr
Vitamin B2	Pilze, Mandel- und Cashewmus, Tahin, Tempeh, Hefeflocken, Spinat, Grünkohl, Brokkoli, Sojabohnen, Erbsen, Vollkornbrot	Zahlreiche Wachstums- und Stoffwechselprozesse	Eingerissene Mundwinkel, Entzündungen im Mund, Hautprobleme, Netzhautprobleme und Wachstumsstörungen
Calcium	Sesamsamen, Tahin, calciumreiches Mineralwasser, Tofu, Mandeln, Haselnüsse, Grünkohl, getrocknete Feigen, Kichererbsen, angereicherte Sojadrinks, Brokkoli, Kalziumalge	Aufbau von Knochen und Zähnen, Reizübertragung zwischen Nerven und Muskelzellen, reguliert den Säure-Basen-Haushalt, Blutgerinnung	Muskelkrämpfe, trockene Haut, brüchige Nägel, Verdauungsstörungen, Haarausfall, Kreislaufschwäche, Herzrhythmusstörungen, Ekzeme, Katarakt (Grauer Star), Osteoporose, Rachitis
Eisen	Kürbiskerne, Sesamsamen, Quinoa, Amaranth, Linsen (!!!), Hirse, weiße Bohnen, Kichererbsen, Tofu, Haferflocken	Aufnahme und Transport von Sauerstoff, Energiegewinnung, wichtige Rolle für Muskeleiweiß und zahlreiche Enzyme	Müdigkeit, trockene Haut, rissige Mundwinkel, verminderte Leistungs- und Konzentrationsfähigkeit, Kopfschmerzen, Infektanfälligkeit, blasse Haut und Schleimhaut, Kurzatmigkeit, Schwindel, Appetitlosigkeit, Magen-Darm-Beschwerden

NÄHRSTOFF	LEBENSMITTEL	WICHTIG FÜR	MANGELSYMPTOME
Zink	Hefeflocken, Kürbiskerne, Sesam, Sonnenblumenkerne, Linsen, Erdnüsse, Haferflocken, Vollkornmehl, Vollkornnudeln, Vollkornbrot	Essenziell für Muskulatur, Haut, Schleimhaut und Immunsystem	Durchfall, Appetitlosigkeit, Hautprobleme wie trockene und schuppige Haut, brüchige Fingernägel, Aphten, erhöhte Infektanfälligkeit, Wundheilungsstörungen, Entwicklungs- und Wachstumsstörungen bei Kindern, Stoffwechselstörungen, Fertilitätsstörungen bei Männern
Jod	Jodiertes Speisesalz, Algen (z.B. Nori, Dulse, Ulva, Wakame) + NEM	Schilddrüsenhormone und andere Drüsen im Körper	Schilddrüsenunterfunktion, Müdigkeit, depressive Verstimmungen, Gedächtnisschwäche, Haarausfall, chronische Verstopfung, geringe geistige Leistungsfähigkeit, Gewichtszunahme, blasse, raue und trockene Haut, struppige Haare, Regelstörungen, unerfüllter Kinderwunsch und ggf. Struma (Kropf)
Selen	Paranüsse (Achtung! Nur 1 am Tag oder NEM)	Bestandteil diverser Enzyme (auch für die Schilddrüse), antioxidative Wirkung	Vielfältig, da Selen in allen Geweben vorkommt. Beteiligung bei Krebs, Herz-Kreislauf-Erkrankungen, Arteriosklerose, Autoimmunerkrankungen, Neurodermitis
Omega-3-FS (nur Alpha-Linolensäure)	Walnüsse, Leinsamen Chiasamen, Hanfsamen, Leinöl, Rapsöl, Hanföl + Algenöl als NEM für DHA-Versorgung	Wichtiger Bestandteil bei der Eiweißbildung und bei der Produktion von Hormonen, Elastizität der Zellen, schützen vor Entzündungen, Immunsystem	Unspezifisch: Trockene schuppige Haut, Sehstörungen, trockene Augen, Durchblutungsstörungen, Infektanfälligkeit, Neigung zu Depressionen! An vielen weiteren Erkrankungen beteiligt
Protein	Hanfsamen, Kürbiskerne, Erdnüsse, Cashews, Nussbutter, Tofu, Sojafleisch, Tempeh, Linsen, Erbsen, Bohnen, Lupinen, Sojadrink, Nussmilch, Vollkornprodukte	Für Strukturen des Körpers und als Energiequelle	Muskelschwäche, Infektanfälligkeit, Ödeme, Haarausfall, schlechte Wundheilung, Verringerung der Muskelmasse, Gewichtsverlust, Augenränder, Faltenbildung

EINFACHE REGELN FÜR MEHR FRISCHE UND ABWECHSLUNG AM TISCH

Hier sind einige Grundprinzipien, die Eltern helfen können, die vegane Ernährung vollwertig pflanzlich durchzuführen, ohne den ganzen Tag zu rechnen.

1. **Frisch kochen statt Fertigprodukte.** Fertigprodukte enthalten weniger Nährstoffe, denn durch Verarbeitungsprozesse gehen diese verloren. Als Faustregel gilt: Convenience nur als Ausnahme.

2. **Eat the rainbow.** Dieser englische Begriff steht für „buntes" Essen. Und das geht am besten mit Obst und Gemüse. Die Farbe dieser Lebensmittel wird durch sekundäre Pflanzenstoffe geprägt, die nicht nur für die jeweiligen Pflanzen, sondern auch für Menschen schützende Eigenschaften haben.

3. **Ernährungsteller/Ernährungskreis (siehe Seite 11):** Dieser ist das Pendant zur Ernährungspyramide und kann bereits Kindern helfen, zu verstehen, was sie essen sollten. Den Eltern bietet er eine Hilfestellung, um einen guten Überblick über alle wichtigen Lebensmittelgruppen zu behalten.

4. **Vollkorn- statt Weißmehl.** Vollkornprodukte enthalten mehr Nährstoffe als ihr weißes Pendant. Da Kinder einen kleinen Magen haben, sind sie schneller satt und sollten daher auf hochwertige und nährstoffdichte Lebensmittel achten. Nach einem Weißmehlbrötchen ist der Magen zwar voll, aber viele Nährstoffe fehlen. Darüber hinaus liefern Auszugsmehle schnell verfügbaren Zucker, statt Energie, die dann über einen längeren Zeitraum zur Verfügung steht.

5. **Obst und Gemüse.** Kinder lieben in der Regel frisches Obst und meistens auch einige bunte und knackige Gemüsesorten. Zu jeder Mahlzeit entweder Obst oder Gemüse als Knabber-Rohkost auf den Tisch stellen und auch als Snack anbieten. Gemüse wird am besten zu 50 % roh und zu 50 % gekocht serviert, da sich einige sekundäre Pflanzenstoffe erst beim Kochen entfalten. Dein Kind isst kein Gemüse? Vielleicht versucht ihr es dann mal mit einigen Obstsorten. Das ist phasenweise unproblematisch, solange es nicht extrem auffällig wird. Dann sollten sich Eltern besser Hilfe holen.

KANN MAN DEN ERFOLG DER ERNÄHRUNG UND DER SUPPLEMENTE MESSEN?

Der Versorgungsstatus sollte einmal jährlich mit entsprechenden Blutuntersuchungen geprüft werden, wodurch Ernährung und Nahrungsergänzung gegebenenfalls angepasst werden können.

VEGANE KINDER UND IHRE EINSTELLUNG ZU EINER GESUNDEN ERNÄHRUNG

Vegane Eltern sind in der aktuellen Zeit „noch" gezwungen, sich mit der richtigen Ausführung der veganen Ernährung ihrer Kinder zu beschäftigen. Das bietet große Chancen für die ganze Familie. Doch die Hürde zur veganen Ernährung wird stetig kleiner, weil immer mehr Ersatzprodukte auf dem Markt sind. Das bedeutet zwar eine leichtere Umstellung, birgt aber auch Risiken in puncto Nährstoffversorgung. Es ist in der Tat einer der Punkte, der mir als Ernährungsberaterin die größten Bauchschmerzen bereitet, weshalb mir eine differenzierte Aufklärung sehr wichtig ist.

Anmerken möchte ich allerdings, dass sich jede Familie, unabhängig von der gewählten Ernährungsform, mit den Grundsätzen gesunder Ernährung auseinandersetzen sollte, denn dies geschieht leider viel zu wenig, wie wir in nachfolgenden Beispielen sehen werden.

Worin liegen die Chancen für vegane Kinder, wenn sie von Anfang an mit einer gut geplanten und richtig umgesetzten, **vollwertig pflanzlichen Lebensweise** aufwachsen? Diese werden beispielhaft anhand von Zucker und Ballaststoffen erläutert.

Beispiel Zucker: Wie aus der VeChi-Studie zu entnehmen war, wurde bei den veganen Kindern am wenigsten zugesetzter Zucker zugeführt. Zugesetzter Zucker birgt Risiken. Die DGE schrieb in einer Presseinformation im Dezember 2018 dazu:

EMPFEHLUNG ZUR MAXIMALEN ZUCKERZUFUHR IN DEUTSCHLAND

Die Deutsche Gesellschaft für Ernährung e. V. (DGE), die Deutsche Adipositas-Gesellschaft e. V. (DAG) und die Deutsche Diabetes Gesellschaft e. V. (DDG) veröffentlichen heute gemeinsam ein Konsensuspapier mit einer Empfehlung zur maximalen Zufuhr freier Zucker in Deutschland. Mit dem Konsensuspapier schließen sich die drei Fachgesellschaften der Empfehlung der Weltgesundheitsorganisation (WHO) aus dem Jahr 2015 an und sprechen sich für eine maximale Zufuhr freier Zucker von weniger als 10 % der Gesamtenergiezufuhr aus. Bei einer Gesamtenergiezufuhr von 2000 kcal/Tag entspricht diese Empfehlung einer maximalen Zufuhr von 50 g freien Zuckern/Tag. Dazu zählen Monosaccharide (Einfachzucker) und Disaccharide (Zweifachzucker), die Hersteller oder Verbraucher Lebensmitteln zusetzen sowie in Honig, Sirupen, Fruchtsäften und Fruchtsaftkonzentraten natürlich vorkommende Zucker. Die quantitative Empfehlung der drei Fachgesellschaften ist nicht im Sinne einer empfohlenen Zufuhr zu verstehen, sondern als maximale Obergrenze.

Eine hohe und häufige Zuckerzufuhr fördert die Entstehung von Übergewicht und Adipositas sowie zahlreiche mit Übergewicht assoziierte Erkrankungen wie Diabetes mellitus Typ 2 und kardiovaskuläre Erkrankungen und die Entstehung von Karies. Gesundheitsfördernd ist eine zuckerarme Ernährung.

ZUCKERZUFUHR IN DEUTSCHLAND

Daten aus Verzehrstudien zeigen, dass die Zufuhr freier Zucker in Deutschland insbesondere bei jüngeren Altersgruppen deutlich über der Empfehlung von unter 10 Energieprozent (En%) liegt. Während in der Altersgruppe zwischen 15 und 80 Jahren die Zufuhr bei Frauen rund 14 En% beträgt, liegt sie bei Männern bei 13 En%. Das entspricht einer Zufuhr an freien Zuckern bei Frauen von 61 g/Tag und bei Männern von 78 g/Tag. Kinder und Jugendliche konsumieren bis zu 17,5 En%. Um die Zufuhrempfehlung freier Zucker nicht zu überschreiten, müsste die aktuelle Zufuhr um mindestens 25 % gesenkt werden.

Beispiel Ballaststoffe: Aus der VeChi-Diet-Studie ließ sich auch die deutlich höhere Zahl von Ballaststoffen bei den veganen Kleinkindern ablesen. Sie verzehrten im Mittel 19,6 g Ballaststoffe pro 1.000 Kalorien im Vergleich zu den vegetarischen Kindern mit 16,1 g und den mischköstlichen Kindern mit 13,4 g Ballaststoffen. Die DGE empfiehlt zum Thema Ballaststoffe:

MEHR BALLASTSTOFFE BITTE!

(dge) Wer viele Ballaststoffe verzehrt, hat ein verringertes Risiko für zahlreiche ernährungsmitbedingte Krankheiten, insbesondere für Adipositas, Bluthochdruck und koronare Herzkrankheit (KHK). Vor allem Ballaststoffe aus Vollkornprodukten wirken sich positiv auf die Cholesterolkonzentration im Blut aus und senken mit wahrscheinlicher Evidenz das Risiko für Diabetes mellitus Typ 2, Bluthochdruck und Koronare Herzkrankheit. Lösliche Ballaststoffe, z. B. Pektin aus Obst, senken ebenfalls das Risiko für Fettstoffwechselstörungen. Das sind zentrale Ergebnisse der evidenzbasierten Leitlinie zur Kohlenhydratzufuhr der Deutschen Gesellschaft für Ernährung e. V. (DGE).

Viele Menschen tun sich schwer, den Richtwert für die Ballaststoffzufuhr zu erreichen: Nach Daten der Nationalen Verzehrsstudie II weisen 75 % der Frauen und 68 % der Männer eine Ballaststoffzufuhr unter dem Richtwert von mindestens 30 g pro Tag auf. Die Zufuhr liegt bei 25 g (Männer) bzw. 23 g (Frauen) pro Tag.

DIE „URBAN MYTHS“ ZUR VEGANEN ERNÄHRUNG ANHAND VON 4 BEISPIELEN

DIE VEGANE ERNÄHRUNG IST UNNATÜRLICH, WEIL MAN NAHRUNGSERGÄNZUNG BRAUCHT

Veganen Eltern begegnet häufig das Vorurteil, die vegane Ernährung sei unnatürlich, weil Nahrungsergänzungen eingenommen werden müssen. Die richtige Antwort darauf ist im Grunde lediglich die Information, dass dies bei jeder Ernährungsform durchaus üblich ist. Vitamin D bekommen alle Kinder, Folsäure alle Schwangeren ... Wir leben ja schließlich auch nicht mehr in Höhlen, wie das irgendwann mal üblich war.

DU DRÜCKST DEN **KINDERN DEINEN WILLEN** AUF!

Stimmt. Allerdings machen das alle Eltern. Ganz egal, ob es um Ernährung, Religion, Politik oder um die Wahl des Wohnortes geht. Alle Kinder sind anfangs von ihren Eltern abhängig und essen andersrum auch Fleisch oder andere tierische Produkte, ohne gefragt worden zu sein. Es wird oft sogar verniedlicht und geschummelt, damit die Wurst mit Bärengesicht gegessen wird. Insofern obliegt es allen Eltern, so lange die Entscheidungen für ihre Kinder zu treffen, bis diese das Stück für Stück alleine können.

DIE **VEGANEN KINDER** WERDEN **AUSSENSEITER*INNEN!**

Ein Kind, das immer anderes Essen als die Freund*innen bekommt, kann tatsächlich zum Außenseiter oder zur Außenseiterin werden und sich ausgegrenzt fühlen. Sofern nicht tatsächlich eine Allergie oder Unverträglichkeit vorliegt, ist es also wichtig, immer wieder zu beobachten und zu hinterfragen, wie es dem Kind mit der Situation geht, und ob man gegebenenfalls nicht zwischen dem veganen Zuhause und dem Essen außerhalb unterscheiden kann. Das Kindeswohl sollte in jedem Fall bei der Entscheidung im Vordergrund stehen. Die meisten veganen Eltern differenzieren das ohnehin, wie ich in meinen Beratungen erlebe. Es kann aber auch durchaus sein, dass vegane Kinder ganz überzeugt und ohne Probleme in Kita und Schule weiterhin vegan essen, ohne sich als Außenseiter*innen zu fühlen.

FÜR **SOJA** WIRD DER **REGENWALD ABGEHOLZT**

Während in der Realität 95 % der weltweiten Sojaernte als Futtermittel in der Nutztierhaltung landen, werden Veganer*innen weiterhin für ihren „hohen“ Konsum von Soja, das für die Abholzung des Regenwaldes im Amazonas verantwortlich ist, kritisiert. Tatsächlich werden aber die meisten Sojabohnen für den menschlichen Verzehr (Tofu, texturiertes Sojaprotein, Sojajoghurt, Sojamilch, pflanzliche Fleischersatzprodukte) insbesondere, aber nicht nur, im Bio-Bereich in Europa angebaut. Amazonas-Regenwald-Soja wird leider auch in Deutschland in der Nutztierhaltung an Tiere verfüttert.

ERSATZPRODUKTE: FLUCH ODER SEGEN?

Die vegane Ernährung wird immer wieder für Ersatzprodukte kritisiert, doch kann man wirklich alle Ersatzprodukte in einen Topf schmeißen? Sind Ersatzprodukte immer auch Fertigprodukte?

Wir bringen etwas Licht ins Dunkel, denn dabei gibt es große Unterschiede. Viele der heute erhältlichen veganen Fertigprodukte wie Nuggets, Schnitzel & Co. sind extrem stark verarbeitet und werden unter Zusatz von Aromastoffen und teilweise weiteren bedenklichen Zutaten geschmacklich sowie optisch an Fleisch- und Wurstprodukte angepasst. Dies erleichtert zwar den Umstieg, ist aber weder gesund, noch gut für Umwelt und Klima. Diese Fertigprodukte enthalten häufig auch größere Mengen Salz und Fett und tragen damit leider zu einem ungesunden Salz- und Fettkonsum bei. Als absolute Ausnahme sind solche Produkte in Ordnung, aber auf keinen Fall notwendig (auch nicht, wenn Nährstoffe zugesetzt werden). Veganer Käse besteht überwiegend aus Fett und Wasser – und nur zu einem sehr kleinen Teil aus nahrhaften Bestandteilen. Ein Produktbeispiel für veganen Scheibenkäse: Selbst, wenn ein Mandelerzeugnis mit 53 % an erster Stelle genannt wird, entfallen davon wiederum nur 2 % auf Mandeln. Auch hier ist gegen einen gelegentlichen Verzehr nichts einzuwenden, aber er trägt nicht ausreichend zur Nährstoffdeckung – insbesondere für Kinder – bei. Hier sollte dann einfach weißes Mandelmus verwendet werden.

Gegen die Verwendung von Tofu, Räuchertofu und Tempeh (fermentierte Sojabohnen) sowie Jackfruit ist nichts einzuwenden. Tofu gilt als eines der Grundnahrungsmittel in China, Korea, Japan, Vietnam und Thailand. Die erste schriftliche Quelle stammt aus dem Jahre 965 aus China. Demnach ist Tofu nicht mit heutigen Fertigprodukten zu vergleichen, eignet sich jedoch hervorragend als Ersatzprodukt, da er selbst geschmacksneutral ist und auf vielfältige Arten gewürzt und zubereitet werden kann. Der Eiweißgehalt ist aber nicht zu verallgemeinern, weil Tofu in verschiedenen Varianten mit unterschiedlichem Wasseranteil erhältlich ist.

Die gelegentliche Verwendung von Seitan (Fleischersatz aus Weizeneiweiß) ist unbedenklich, solange keine Allergien oder Unverträglichkeiten zu Weizeneiweiß vorliegen.

Ebenfalls ist die gelegentliche Verwendung von Lupinenschnetzeln, Sojagranulat, Erbsen- oder Sonnenblumenprotein unbedenklich. Grundsätzlich sind jedoch ganze Hülsenfrüchte wie Bohnen, Linsen und (Kicher-)Erbsen zu bevorzugen, da sie uns zusätzlich noch wichtige Ballaststoffe und weitere Nährstoffe liefern. Außerdem ist die Bioverfügbarkeit von extrahiertem Protein noch nicht abschließend geklärt.

Fazit: Frische und möglichst unverarbeitete Produkte sollten die Basis unserer täglichen Ernährung sein. Gelingt uns dies, ist auch gegen eine gelegentliche Schlemmerei mit vermeintlich „ungesunden" Produkten kein Problem. Das vorliegende Buch gibt allen Interessierten eine gute Orientierung, wie eine vollwertig pflanzliche Ernährung mit Genuss gelingen kann und nebenbei der ganzen Familie auch ganz viel Spaß bereitet.

FRÜHSTÜCK

TOFU-EIEIEI MIT VEGGIES

Super schnell gemacht und proteinreich. Ein beliebter Frühstücksklassiker – rein pflanzlich und wie gewohnt schmackhaft. Hier lassen sich auch gut weitere Veggies verarbeiten, oder man rührt das Tofu-Eieiei in gebratenen Reis ein – yummy!

ZUTATEN

FÜR 4 PORTIONEN

Zubereitungszeit: 15 Minuten

1 EL Öl zum Braten
400 g Tofu
3 Frühlingszwiebeln
250 g Kirschtomaten
200 g Seidentofu
½ TL gemahlene Kurkuma
½ TL Knoblauchpulver
Pfeffer
½ TL Kala Namak (Würzsalz mit Ei-Aroma)
4 Scheiben Vollkornbrot

ZUBEREITUNG

Öl in einer großen Pfanne erhitzen, den festen Tofu mit den Händen hineinbröseln und scharf anbraten. Währenddessen Frühlingszwiebeln putzen und waschen, Tomaten ebenfalls waschen und trocknen. Die Frühlingszwiebeln anschließend in feine Ringe schneiden und die Kirschtomaten je nach Größe vierteln oder halbieren.

Seidentofu, Frühlingszwiebeln und Kirschtomaten in die Pfanne geben und kurz mitbraten.

Mit Kurkuma, Knoblauch und Pfeffer würzen. Vor dem Servieren mit Kala Namak oder Salz abschmecken. Warm auf Brot servieren.

SÜSSKARTOFFEL-TOAST MAL ANDERS

Das ist Toast mal ganz anders – wer mag, lässt vor dem Toasten die Schale der Süßkartoffeln für ein bisschen mehr Crunch dran.

ZUTATEN

FÜR 4 PORTIONEN

Zubereitungszeit: 20 Minuten

2 große, breite Süßkartoffeln

Ideen für süße Belage

Nussmus und Rosinen oder klein geschnittene Datteln

Apfelmus

Erdnussmus, Banane und Zimt

zerdrückte Beeren

Mandelmus, Kokosflocken

Erdbeer-Chia Konfitüre (Seite 122)

Apfelherzchen (Seite 150)

Ideen für herzhafte Belage

Tofu-Eieiei (Seite 28)

Queso-Sauce (Seite 84) mit Bohnen

Tomatenscheiben, Salz und Pfeffer

zerdrückte Avocado

Kürbis-Hummus (Seite 48)

ZUBEREITUNG

Zwei möglichst große und breite Süßkartoffeln aussuchen und diese schälen. Anschließend längs in ca. 5 mm dünne Scheiben schneiden und auf höchster Stufe 2–3 Mal im Toaster toasten. Die Anzahl der Durchgänge richtet sich danach, wie knusprig die Süßkartoffeln werden sollen.

Dann nach Belieben süß oder herzhaft belegen.

LILA LAUNE

LILA PORRIDGE

Manchmal muss es einfach Porridge sein, besonders wenn es draußen schon wieder ganz grau und ungemütlich ist. Das Porridge wärmt und macht einfach lila Laune.

ZUTATEN

FÜR 4 PORTIONEN

Zubereitungszeit: 15 Minuten

700 ml Sojadrink
180 g Kleinblatt-Haferflocken
400 g Heidelbeeren (alternativ TK-Heidelbeeren)
2 Bananen
1 EL Mandelmus
1 EL Hanfsamen

ZUBEREITUNG

Den Sojadrink in einem Topf aufkochen und die Haferflocken hineinrühren. Bei mittlerer Hitze für 3–5 Minuten köcheln, bis die Masse andickt, und dabei gelegentlich rühren.

Die Heidelbeeren waschen und abtropfen lassen. Nach der Kochzeit die Beeren mit in den Topf geben und unter Rühren kurz weiter köcheln. Den Topf vom Herd nehmen und das Porridge auf vier Schüsseln verteilen.

Die Bananen schälen und in Scheiben schneiden. Das fertige Porridge mit Mandelmus, Hanfsamen und Bananenscheiben toppen.

TIPP

Für mehr Süße die Banane zerdrücken und im Porridge mitkochen. Oder alle Zutaten kalt verrühren, in Gläser füllen und in den Kühlschrank stellen. Schon sind lila Overnight Oats gezaubert!

INCREDIBLE PANCAKES MIT SPINAT

Unglaublich, dass da Spinat in den Pancakes ist und man diesen noch nicht einmal rausschmecken kann! Stattdessen sind sie schön spinatig-grün und können bunt kombiniert werden.

ZUTATEN

FÜR CA. 25 MINI-PANCAKES

Zubereitungszeit: 30 Minuten

150 g Blattspinat
380 ml Pflanzendrink
40 ml Öl
½ Vanilleschote
220 g Vollkornmehl
4 TL Weinstein-Backpulver
½ TL Natron
60 g Kokosraspel (ungesüßt)
Öl zum Braten

ZUBEREITUNG

Den Spinat waschen und abtropfen lassen. Anschließend zusammen mit Pflanzendrink und Öl glatt mixen. Die Masse in eine Schüssel umfüllen.

Die Vanilleschote mit einem kleinen Messer längs aufschneiden und das Mark herauskratzen. Das Vanillemark und alle anderen Zutaten zur Spinatmasse in die Schüssel geben und kurz vermengen.

Etwas Öl in eine Pfanne geben und erhitzen. Den Teig esslöffelweise hineingeben und die Pancakes bei mittlerer Hitze einige Minuten von beiden Seiten ausbacken, bis sie goldbraun sind. Wenn Bläschen im Teig aufsteigen, sind sie bereit, gewendet zu werden.

TIPP

Ein schöner Snack für Zwischendurch, auch toll für die Brotbox oder unterwegs auf dem Spielplatz. Die Pancakes schmecken auch wundervoll zu Beeren und Kompott.

HERZHAFTE KARTOFFEL-WAFFELN

SUPERLUFTIG

Warum nicht mal herzhafte Waffeln? Diese Kartoffel-Waffeln sind so yummy und luftig! Außerdem schon eine vollwertige Mahlzeit, versteckt in einer Waffel – gut, oder?

ZUTATEN

FÜR 12 STÜCK

Zubereitungszeit: 40 Minuten

½ rote Zwiebel
3 Knoblauchzehen
Öl zum Braten
2 gekochte Kartoffeln
1 EL vegane Butter
120 g Vollkornmehl
½ TL gemahlener Kreuzkümmel
¼ TL frisch geriebene Muskatnuss
1 EL gehacktes Koriandergrün
200 ml Pflanzendrink
3 EL Kürbis-Hummus (Seite 48)
Salz, Pfeffer

Außerdem

ein Waffeleisen

ZUBEREITUNG

Zwiebel und Knoblauch schälen und fein würfeln. Etwas Öl in einer kleinen Pfanne erhitzen und Zwiebel und Knoblauch darin glasig garen. Anschließend beiseitestellen.

In einer großen Schüssel die gekochten Kartoffeln mit einer Gabel zerdrücken. Die vegane Butter, das Mehl, Gewürze, Koriander, Pflanzendrink und Hummus dazugeben und gut vermengen. Wenn der Teig zu fest sein sollte, noch etwas Pflanzendrink hinzufügen. Der Teig sollte von der Konsistenz einem Kartoffelpüree ähneln. Mit Salz und Pfeffer abschmecken.

Ein Waffeleisen erhitzen und den Teig esslöffelweise darin ausbacken.

TIPP

Die Waffeln sind auch ein toller Snack für unterwegs. Gerne auch mehr Veggies hineingeben. Besonders gut geeignet sind geraspelte Möhre, Süßkartoffel, Kürbis, Zucchini …

FRÜHSTÜCKS-MUFFINS

DAS KOMBI-WUNDER

Hier ist alles drin und es kann auch alles rein, was gerne gefrühstückt wird. Super praktisch ist mit diesem Rezept alles in einem Muffin vereint, was man zum Frühstück brauchen könnte.

ZUTATEN

FÜR 14 STÜCK

Zubereitungszeit: 45 Minuten

- 2 EL Leinsamen
- 240 g Feinblatt-Haferflocken plus etwas mehr zum Bestreuen
- 100 g Möhren
- 100 g Zucchini
- 3 große reife Bananen
- 3 EL Apfelmus
- 30 g Rosinen
- 2 TL gemahlener Zimt
- ¼ TL Salz
- 3 TL Weinstein-Backpulver

Außerdem

- Silikon-Muffinförmchen
- 1 EL Haferflocken als Topping

ZUBEREITUNG

Backofen auf 180 °C (Ober-/Unterhitze) vorheizen.

Die Leinsamen in einer kleinen Schüssel mit 6 EL warmem Wasser vermischen und quellen lassen. Diese Mischung sorgt für Bindung im Teig und ersetzt zwei Hühnereier.

Die Haferflocken in einem Standmixer zu Mehl zerkleinern. Die Möhren schälen, die Zucchini waschen und beides grob raspeln. Die Bananen mit einer Gabel zermatschen.

Alle Zutaten inklusive der Leinsamen, des Haferflockenmehls sowie Möhre und Zucchini in einer großen Schüssel vermengen.

Den Teig in Silikon-Muffinförmchen verteilen, mit einigen Haferflocken bestreuen und im heißen Ofen (Mitte) für 20–30 Minuten backen.

TIPP

Es ist alles erlaubt, was Spaß bringt und schmeckt. Wie wäre es mit einem anderen Gemüse oder Obst wie Heidelbeeren, Äpfel, Süßkartoffeln, Datteln oder Paprika?

FRITTATA KUNTERBUNT

DER SATTMACHER

Diese Frittata macht richtig satt. Ein schönes Gericht für einen Familienbrunch. Am besten einfach ganz rustikal in der Pfanne servieren und daraus essen. Da spart man sich den Abwasch!

ZUTATEN

FÜR 1 GROSSE FRITTATA

Zubereitungszeit: 30 Minuten

3 mittelgroße vorwiegend festkochende Kartoffeln

½ rote Paprika

4 große Champignons

1 kleine rote Zwiebel

2 Knoblauchzehen

100 g Blattspinat

Öl zum Braten

Salz, Pfeffer

60 g Kichererbsenmehl

200 ml Pflanzendrink (alternativ Wasser)

Kala Namak (nach Belieben)

ZUBEREITUNG

Kartoffeln schälen und in kleine Würfel schneiden. Die Paprika halbieren, putzen, waschen und würfeln. Die Champignons putzen und ebenfalls würfeln. Zwiebel und Knoblauch schälen und hacken. Den Spinat waschen, abtropfen lassen und grob zerkleinern.

In einer großen beschichteten Pfanne Öl erhitzen und die Kartoffelwürfel kurz anbraten, bis sie Farbe angenommen haben. Dann den Deckel auflegen und die Kartoffeln bei mittlerer Hitze ca. 10 Minuten weitergaren. Ab und zu rühren. Danach Paprika, Champignons, Zwiebeln und Knoblauch dazugeben und so lange weiterbraten, bis das Gemüse weich ist. Zum Schluss noch den zerkleinerten Spinat dazugeben und alles gut mit Salz und Pfeffer abschmecken.

In einer mittelgroßen Schüssel Kichererbsenmehl und Pflanzendrink zu einem flüssigen Teig vermischen. Diesen ggf. mit Kala Namak würzen, anschließend auf das Gemüse gießen, etwas verteilen und abdecken. Bei mittlerer Hitze garen, bis der Teig stockt, dann mithilfe eines Tellers die Frittata stürzen und auf der anderen Seite einige Minuten weiterbraten.

In Stücke schneiden und servieren. Die Frittata schmeckt auch kalt!

TIPP

Mit Ketchup (Seite 75) auf Brot ein Genuss!

BRATAPFEL-QUINOA-AUFLAUF MIT ZIMT

Man spart sich hier den Abwasch, denn alles passt praktischerweise in eine Auflaufform! Zutaten vermischen, ab in den Ofen und erst einmal vergessen. Hier bleibt Zeit, sich um Wichtigeres zu kümmern. Nur nicht vergessen, die Uhr einzuschalten!

ZUTATEN

FÜR 1 AUFLAUFFORM

Zubereitungszeit: 70 Minuten

2 große Äpfel (Elstar)
180 g Quinoa
1 EL gemahlener Zimt
500 ml Mandeldrink
2 EL Leinsamen
2 EL Apfelmus
1 EL Mandelmus
1 EL Rosinen

ZUBEREITUNG

Ofen auf 180 °C (Ober-/Unterhitze) vorheizen.

Die Äpfel schälen, vom Kerngehäuse befreien, würfeln, mit allen anderen Zutaten in eine Auflaufform geben und gut durchmischen.

Für 50–60 Minuten, beziehungsweise bis die Quinoa gar ist, im heißen Ofen (Mitte) backen. Die gesamte Flüssigkeit in der Form sollte von der Quinoa aufgesaugt worden sein. Anschließend etwas abkühlen lassen und noch warm servieren.

TIPP

Pflanzlicher Joghurt oder Früchte sind ein yummy Topping. Sie bringen einen Frische-Kick, der ein schöner Kontrast zur Süße der Äpfel ist.

BEERIGE PANCAKES VOM BLECH

Lust auf Pancakes? Jaaa! Und wer keine Lust hat, ewig am Herd zu stehen, um alle Pancakes in der Pfanne zu wenden, sollte unbedingt diese Variante ausprobieren. Einmal den Teig gemacht, aufs Blech gegeben und fertig!

ZUTATEN

FÜR 1 BLECH

Zubereitungszeit: 25 Minuten

420 ml Mandeldrink

2 EL Pflanzenöl

1 EL Apfelessig

½ Vanilleschote

260 g Dinkelmehl (Type 630)

1 ½ EL Weinstein-Backpulver

½ TL Salz

Abrieb von 1 Bio-Zitrone (nach Belieben)

250 g gemischte Beeren (z. B. Erdbeeren, Heidelbeeren, Brombeeren, Himbeeren ...)

ZUBEREITUNG

Ofen auf 220 °C (Ober-/Unterhitze) vorheizen und ein Backblech mit Backpapier auslegen.

In einer mittelgroßen Schüssel Mandeldrink, Pflanzenöl und Apfelessig mischen und zum Ruhen beiseitestellen.

Die Vanilleschote mit einem kleinen Messer längs aufschneiden und das Mark aus der Schote kratzen. Mehl und Backpulver in eine große Schüssel sieben, Salz, etwas Zitronenabrieb nach Geschmack und das Vanillemark hinzugeben und alles gut vermischen.

Die Mandeldrinkmischung zum Mehl geben und nur so lange mischen, bis alles vermengt ist. Einige wenige Klümpchen sind in Ordnung. Den Teig auf das Blech gießen, glatt streichen und für 5 Minuten im heißen Ofen (Mitte) backen.

Währenddessen die Beeren waschen und trocken tupfen. Beeren auf dem Teig verteilen, etwas andrücken und für weitere 5 Minuten, oder bis die gewünschte Bräune erreicht ist, backen. Die Pancakes in Quadrate schneiden oder mit Ausstechformen ausstechen und servieren.

BAUKASTEN-REZEPTE FÜR DIE KLEINSTEN

CREMIGER KÜRBIS-HUMMUS

ALS DIP & AUFSTRICH

Wir lieben Hummus, ihr auch? Und habt ihr schon mal Hummus mit Kürbis probiert? Der Kürbis verleiht dem Hummus eine schöne Süße und natürlich seine Farbe. Er ist schnell gemacht und eine schöne Zugabe als Dip zu yummy Gemüse, yummy Kartoffeln oder mit Brot.

ZUTATEN

FÜR 8 PORTIONEN

Zubereitungszeit: 10 Minuten

2 Knoblauchzehen

440 g Kichererbsen (vorgegart, Dose)

400 g Kürbispüree

Saft von 1 Zitrone

3 EL Tahin

½ TL gemahlener Kreuzkümmel

1 Msp. Natron

50 ml Olivenöl plus etwas mehr zum Beträufeln

Salz, Pfeffer

ZUBEREITUNG

Den Knoblauch schälen und die Zehen in einen Standmixer geben. Nun alle anderen Zutaten, bis auf Salz und Pfeffer, hinzugeben und alles schön cremig rühren. Dabei immer wieder die Masse an den Wänden mit einem Spatel herunterschieben, damit alles gut durchgemixt wird. Das kann einige Minuten dauern. Der Hummus sollte schön fluffig, cremig und glatt sein. Bei Bedarf etwas Wasser oder Öl hinzugeben. Zum Schluss mit Salz und Pfeffer abschmecken.

Den fertigen Hummus in flachen Schalen servieren und mit etwas Olivenöl beträufeln. Luftdicht verschlossen hält er sich bis zu einer Woche im Kühlschrank.

TIPP

Es kommt bei diesem Rezept alles auf eine qualitativ gute Tahini an, also ab in den nächsten türkischen Supermarkt oder Asienmarkt!

YUMMY TOFU

ZUTATEN

ALS TOPPING
FÜR 4 PORTIONEN

Zubereitungszeit: 15 Minuten

250 g Tofu
1 EL Speisestärke
1 TL Sesam
½ TL Knoblauchpulver
1 TL Zwiebelpulver
½ TL gemahlene Kurkuma
Salz, Pfeffer
1 EL Öl

ZUBEREITUNG

Den Tofu etwas trocken tupfen, würfeln und mit allen anderen Zutaten, bis auf das Öl, in einer Schüssel vermengen. Das Öl nun in einer kleinen Pfanne erhitzen und den Tofu darin bei mittlerer Hitze von allen Seiten knusprig braten.

TIPP

Das Rezept funktioniert auch toll im Ofen oder im Airfryer. Es schmeckt auch super mit der Regenbogen-Soba-Marinade (Seite 76). Einfach die knusprigen Tofuwürfel damit übergießen und kurz in der Pfanne weiter braten.

YUMMY BULGUR

ZUTATEN

ALS BEILAGE FÜR 4 PORTIONEN

Zubereitungszeit: 25 Minuten

150 g Bulgur
1 Frühlingszwiebel
1 EL Tomatenmark
1 TL vegane Butter
Salz, Pfeffer

ZUBEREITUNG

Den Bulgur kurz waschen, abseihen und in einen Topf geben. Die doppelte Menge Wasser (also etwa 300 ml) hinzufügen und zum Kochen bringen. Für ca. 20 Minuten leise köcheln, bis der Bulgur weich ist.

Währenddessen die Frühlingszwiebel putzen, waschen und in feine Ringe schneiden. In der letzten Minute der Bulgur-Kochzeit die Frühlingszwiebel dazugeben und mitkochen. Dann das Wasser abgießen. Tomatenmark und vegane Butter untermengen und zum Schluss alles mit Salz und Pfeffer abschmecken.

TIPP

In ein kleines, tiefes Glas geben und auf den Teller stürzen für ein Bulgur-Türmchen.

DREIERLEI REISBÄLLCHEN ZUM SNACKEN

Ein bei uns beliebtes Gericht bzw. eine Beilage sind diese Reisbällchen. Als Bällchen geformt gefallen sie auch den Kleinsten, weil sie gut in der Hand liegen und einfach gegessen werden können. Wichtig ist eine klebrige Reissorte – am besten eignet sich ein Rundkornreis. Die Bällchen lassen sich super mixen, hier sind unsere liebsten Varianten.

ZUTATEN

FÜR 4 PORTIONEN

Zubereitungszeit: 50 Minuten

Für jede Variante je 200 g Rundkornreis

Fried Rice Style

½ Möhre

½ Frühlingszwiebel

25 g Tofu

Öl zum Braten

1 EL Mais (Dose)

Salz, Pfeffer

Goldene Bällchen

je ½ TL Sesam, schwarzer Sesam und gemahlene Kurkuma

1 TL Nori-Flakes

1 TL geröstetes Sesamöl

Salz, Pfeffer

Tricolore

2 große Shiitake

1 Knoblauchzehe

Öl zum Braten

1 EL fein gehackter Blattspinat

1 TL rote, fein gehackte Paprika

Salz, Pfeffer

ZUBEREITUNG

Den Reis nach Packungsanweisung kochen. Für die Verarbeitung zu Reisbällchen sollte er noch warm sein. Es kann auch aufgewärmter Reis vom Vortag verwendet werden.

FRIED RICE STYLE

Die Möhre schälen und fein würfeln. Die Frühlingszwiebel putzen, waschen und in feine Ringe schneiden. Den Tofu trocken tupfen und fein zerbröseln. Das Öl in eine kleine Pfanne geben und diese erhitzen. Möhren, Frühlingszwiebeln und Tofu hineingeben und bei mittlerer Hitze einige Minuten braten. Mais hinzufügen und alles mit Salz und Pfeffer abschmecken. Jetzt den Reis dazugeben und aus der Masse mit angefeuchteten Händen Bällchen formen.

GOLDENE BÄLLCHEN

Den Sesam in einer Pfanne ohne Öl anrösten, bis er zu duften beginnt. In einer kleinen Schüssel zusammen mit den anderen Zutaten vermischen und den Reis hinzufügen. Aus der Masse mit angefeuchteten Händen Bällchen formen.

TRICOLORE

Die Pilze putzen und fein hacken. Den Knoblauch schälen und ebenfalls fein hacken. Das Öl in eine kleine Pfanne geben und diese erhitzen. Alle Zutaten hineingeben und bei mittlerer Hitze einige Minuten braten. Alles mit Salz und Pfeffer abschmecken und den Reis mit in die Pfanne geben. Aus der Masse mit angefeuchteten Händen Bällchen formen.

TIPP

Sushi-Reis eignet sich wunderbar für diese Bällchen! Sie lassen sich supergut vorbereiten und in die Lunchbox packen. Man kann auch für kleines Geld im Internet einen Reisbällchenformer kaufen. Da gibt man dann eine kleine Menge Reis in den Behälter, verschließt ihn und schüttelt. Es kommen immer perfekte kleine Bällchen raus. Es lohnt sich!

YUMMY POLENTA-STICKS SUPERCRUNCHY

Schön knusprig und einfach lecker, machen satt und auch schon die Kleinsten mögen sie. Als Sticks geschnitten, lässt sich die Polenta wunderbar halten und verkürzt so auch gerne mal die Wartezeit, bis das Essen dann fertig ist.

ZUTATEN

FÜR 4 PORTIONEN

Zubereitungszeit: 40 Minuten

500 ml Gemüsebrühe (alternativ Wasser)

3 EL Hefeflocken

1 TL getrocknete italienische Kräuter

Salz, Pfeffer

200 g Polenta

Öl zum Braten

ZUBEREITUNG

Die Gemüsebrühe in einem Topf zum Kochen bringen und mit Hefeflocken, Kräutern, Salz und Pfeffer würzen.

Die Polenta unter Rühren hineinstreuen und auf kleiner Hitze einige Minuten weiter köcheln, dabei ständig rühren, bis die Polenta dick geworden ist. Dann auf ein Backpapier ausstreichen und abkühlen lassen.

Jetzt mit Plätzchenausstechern ausstechen oder mit einem Messer in Sticks schneiden. In einer Pfanne etwas Öl erhitzen und die Sticks darin bei mittlerer Hitze von allen Seiten knusprig braten.

TIPP

Mit der Tomatensauce à la Mama (Seite 60) oder Ketchup (Seite 75) servieren! Vor dem Anbraten lassen sich die Sticks auch gut einfrieren. Danach einfach etwas länger in der Pfanne braten oder im Airfryer knusprig garen.

HERZHAFTE LINSEN-PFANNKUCHEN

BASIC-VARIANTE

Eine schöne, herzhafte Pfannkuchenvariante, die mit allerlei Toppings immer sehr gut schmeckt.

ZUTATEN

FÜR 4 PORTIONEN

Zubereitungszeit: 20 Minuten

100 g rote Linsen

½ TL gemahlener Kreuzkümmel

Salz, Pfeffer

Öl zum Braten

ZUBEREITUNG

Die Linsen in eine Schüssel geben und mit Wasser bedecken. Für mindestens 2 Stunden in Wasser einweichen, dann das Wasser wegschütten, die Linsen kurz abspülen und mit frischem Wasser gerade so bedecken.

Die Gewürze hinzufügen und im Standmixer oder mit dem Stabmixer die Linsen zu einem glatten Teig pürieren.

Etwas Öl in eine Pfanne geben und erhitzen. Den Linsenteig als kleine Pfannkuchen in die Pfanne geben und bei mittlerer Hitze einige Minuten von beiden Seiten braten, bis die Pfannkuchen goldbraun sind.

TIPP

Die Pfannkuchen groß und dünn ausbraten und gefüllt mit z. B. verschiedenen Gemüsesorten und Tofu als Wraps benutzen.

TOMATEN-SAUCE À LA MAMA

Wir lieben diese Tomatensauce, und sie ist eine super Basis für viele Gerichte. Am besten gleich die doppelte Menge machen und einfrieren, so hat man immer etwas Leckeres da, denn die Pasta ist ja schnell gekocht. Wieder aufgewärmt schmeckt sie außerdem am allerbesten.

ZUTATEN

FÜR 8 PORTIONEN

Zubereitungszeit: 45 Minuten

4 Knoblauchzehen

1 Frühlingszwiebel

Öl zum Braten

2 EL Tomatenmark

2 Dosen gehackte Tomaten (800 g Füllgewicht)

1 TL getrockneter Oregano

Salz, Pfeffer

2 EL frisches Basilikum

2 EL Olivenöl

ZUBEREITUNG

Den Knoblauch schälen und fein hacken oder in einer Presse durchpressen, die Frühlingszwiebeln putzen, waschen und in feine Ringe schneiden.

In einem großen Topf etwas Öl erhitzen, dann Knoblauch und Frühlingszwiebeln dazugeben und kurz bei mittlerer Hitze anbraten, bis das Öl duftet. Dabei immer umrühren, damit nichts anbrennt. Das Tomatenmark dazugeben und kurz mit anrösten. Mit den Dosentomaten ablöschen. Jetzt den Deckel auflegen und alles bei mittlerer Hitze für 30 Minuten köcheln, dabei gelegentlich rühren.

Zum Abschluss die Sauce mit Oregano würzen und mit Salz und Pfeffer abschmecken. Frische Basilikumblätter und Olivenöl einrühren.

TIPP

Das Rezept funktioniert auch toll im Ofen oder im Airfryer. Es schmeckt auch super mit der Regenbogen-Soba-Marinade (Seite 76). Einfach die knusprigen Tofuwürfel damit übergießen und kurz in der Pfanne weiterbraten.

Cashewrella Veganer Mozzarella aus Nüssen

Der Cashewrella ist super vielseitig, und es ist immer gut, ihn da zu haben, um die verschiedensten Gerichte damit zu zaubern. In Scheiben geschnitten zu Brot, gerieben auf Pizza oder Pasta. Er schmeckt sowohl kalt als auch warm, denn er zerläuft sogar!

ZUTATEN

FÜR 1 STÜCK

Zubereitungszeit: 15 Minuten und 3 Stunden Kühlzeit

70 g Cashewkerne
50 g Kokosöl (desodoriert)
30 g Tapiokastärke
10 g Hefeflocken
3 EL Agar-Agar
1 EL Apfelessig
1 ½ TL Salz

ZUBEREITUNG

Die Cashewkerne über Nacht in Wasser einweichen, am nächsten Tag mehrfach heiß abspülen. Danach gut abtropfen lassen und in einen Standmixer geben.

300 ml Wasser zum Kochen bringen und noch heiß mit allen anderen Zutaten in den Mixer geben. Alles zu einer cremigen und homogenen Masse pürieren.

Die Masse nun in ein rundes Gefäß abfüllen, eine Schale eignet sich z. B. gut dafür. Dann die Schale für 3 Stunden in den Kühlschrank stellen. Sobald der Cashewrella fest geworden ist, kann er gegessen oder weiterverarbeitet werden. Alternativ den Cashewrella stürzen, in Küchenpapier wickeln und in Folie packen, dann über Nacht in den Kühlschrank legen, so wird er etwas trockener und entwickelt ein besseres Aroma.

Cashewrella kann gerieben oder in Scheiben geschnitten werden.

TIPP

Mit Kräutern oder Kurkuma verfeinern. Für eine Frischkäsealternative einfach die halbe Menge Agar-Agar nehmen.

YUMMY KIDNEYBOHNEN-BRATLINGE AKA BURGERPATTYS

Ganz einfach gemacht! Die schwerste Entscheidung ist allerdings: Bratlinge oder Bällchen? Bällchen sind toll mit Pasta und Tomatensauce à la Mama (Seite 60) – die Bratlinge sind auch klasse für kleine Burger mit Ketchup (Seite 75).

ZUTATEN

FÜR 20 BRATLINGE ODER BÄLLCHEN

Zubereitungszeit: 40 Minuten

1 Zwiebel
2 Knoblauchzehen
1 Frühlingszwiebel
Öl zum Braten
480 g Kidneybohnen (vorgegart, Dose)
50 g Haferflocken
50 g Vollkornpaniermehl
2 TL geräuchertes Paprikapulver
1 TL getrockneter Thymian
2 EL gehackte Petersilie

ZUBEREITUNG

Die Zwiebel und den Knoblauch schälen und fein hacken. Die Frühlingszwiebel putzen, waschen und in feine Ringe schneiden.

In einer Pfanne etwas Öl erhitzen und Zwiebeln, Knoblauch und Frühlingszwiebel darin glasig dünsten, dann beiseitestellen.

Die Kidneybohnen in einem Standmixer fein pürieren, dann Haferflocken, Paniermehl und die Gewürze bzw. Kräuter hinzugeben und die Masse gut durchmixen, bis sich alles verbunden hat. Die Zwiebel-Knoblauch-Mischung untermengen und mit angefeuchteten Händen die Masse zu Bratlingen oder Bällchen formen.

Erneut etwas Öl in die Pfanne geben und auf mittlere Hitze erhitzen. Nun die geformten Bratlinge oder Bällchen von beiden Seiten braten, bis sie goldbraun sind.

TIPP

Die Masse lässt sich auch in ausgehöhlten Zucchini-Schiffchen oder Paprika im Ofen backen. Dazu yummy Bulgur (Seite 50) und fertig!

BUNTES GEMÜSE-HOW-TO

EINE ANLEITUNG

Es gibt nur eine Regel: Je bunter, desto besser. Denn das bedeutet auch: Umso sicherer sind alle Nährstoffe enthalten. Allen, die sich also darüber den Kopf zerbrochen haben, sei diese Inspiration hier ans Herz gelegt.

Das hier ist weniger ein Rezept, als vielmehr ein Tipp, wie man in 3 Schritten zu yummy Gemüse kommt, das in unserer Regenbogen-Küche nicht fehlen darf! Hier ist alles gewünscht, das z. B. gerade Saison hat, bei den Kids gut ankommt, oder einfach mal ausprobiert werden will.

Es spielt gar keine Rolle, ob das Gemüse frisch oder tiefgekühlt ist. Wer wenig Zeit zum Schnippeln hat, kann gerne auch mal auf TK-Produkte zurückgreifen. Die Form ist dafür nicht unwichtig. Bei den Kleinsten fürs bessere Halten z. B. einen Wellenschneider nutzen und Sticks schneiden. Geht gut bei z. B. (Süß-)Kartoffeln, Zucchini und Kürbis. Auch Keksausstecher sind toll, um das Gemüse auf besonders niedliche Weise zu präsentieren. Wie wir alle wissen, isst das Auge mit, und die Kleinen sind da richtige Profis!

SCHRITT 1 ZUBEREITUNG

Auf die kommt es nämlich an! Zum Start in das Experiment „yummy Gemüse" würde ich das Gemüse noch in seinem Ursprung beibehalten und nur schonend dampfgaren. Später kann es auch im Ofen gegrillt, in der Pfanne gebraten und vorher mariniert oder gedünstet werden. Probiert einfach mal verschiedene Methoden aus!

SCHRITT 2 KRÄUTER UND GEWÜRZE

Auch dampfgegartes Gemüse braucht etwas Liebe – und die gibt es in Form von Gewürzen. Wer in der Anfangszeit im Säuglingsalter noch auf Salz verzichtet, sollte nicht bei den anderen Gewürzen und Kräutern sparen. Hier sind unsere Lieblinge:

Knoblauchpulver, Kurkuma, Oregano, Thymian, Zwiebelpulver, Rosmarin, Paprikapulver, Kreuzkümmel, Muskat, mildes Currypulver, Hefeflocken, frische Petersilie, frisches Basilikum, frisches Koriandergrün, schwarzer Pfeffer.

Gerne einfach mal mixen und matchen! Tipp: Eine eigene Gewürzmischung der Lieblinge zusammenstellen und in einen Streuer geben. Die Würze ist wichtig – sie kommt entweder vor der weiteren Verarbeitung mit etwas Öl an das Gemüse, das dann z.B im Ofen gegart wird, oder zum Schluss drüber. Das funktioniert super bei frischen Kräutern – danach das Gemüse noch mit einem guten Öl beträufeln. Ein Spritzer Zitrone hellt alles etwas auf, zu guter Letzt noch etwas Hefeflocken, Salz und Pfeffer darüber, und es kann nicht mehr besser werden.

SCHRITT 3 SPRINKLES

Und jetzt noch Sprinkles! Das rieselt so schön und kann von den Kids auch selbst gemacht werden. Unsere liebste Mischung, die ich in einem Glas immer parat habe, besteht aus gleichen Teilen Hanfsamen, Chia-Samen und Sesam.

MEIN TIPP

Immer wieder Neues anbieten – selbst, wenn der Brokkoli letzte Woche noch verschmäht wurde, könnte er in einigen Wochen plötzlich ein Favorit sein! Also nicht aufgeben und immer wieder anbieten. Kinder können nur das essen, was ihnen auch angeboten und vorgelebt wird, also selbst auch mal beim bunten Gemüse-Potpourri zugreifen!

SATTMACHER-REZEPTE FÜR GROSS UND KLEIN

WER HAT DAS KOKOSNUSS-CURRY?

MIT KÜRBIS

Ein beliebtes Gericht bei meiner Familie, auch Oma liebt es! Es ist inspiriert von einem philippinischen Gericht, das ich selbst als Kind gerne gegessen habe. Hier in einer Abwandlung und superschnell gemacht.

ZUTATEN

FÜR 4 PORTIONEN

Zubereitungszeit: 35 Minuten

2 Knoblauchzehen
1 Zwiebel
1 Tomate
2 cm frischer Ingwer
200 g Buschbohnen
300 g Butternuss-Kürbis
300 g Brokkoli
1 EL Öl
3 TL mildes Currypulver
400 ml Kokosmilch
450 g Reis
1 gehäufter EL Erdnussmus
2 EL Sojasauce
Salz, Pfeffer

ZUBEREITUNG

Knoblauch und Zwiebel schälen und würfeln, die Tomate waschen und klein schneiden. Den Ingwer in zwei große Scheiben schneiden, die Schale kann dabei ruhig dranbleiben. Die Bohnen waschen, putzen und halbieren. Den Kürbis schälen, putzen und in 2 cm dicke Würfel schneiden. Den Brokkoli waschen, abtropfen lassen und die Brokkoliröschen teilen.

Öl in einem großen Topf erhitzen, danach Knoblauch, Zwiebeln und Ingwer kurz anbraten, bis das Öl das Aroma aufgenommen hat, dann das Currypulver dazugeben und nochmal kurz verrühren. Anschließend mit der Kokosmilch ablöschen. Die Buschbohnen in den Topf geben und bei mittlerer Hitze zugedeckt für 5 Minuten köcheln. Dann Tomaten, Kürbis und Brokkoli dazugeben und zugedeckt weitere 10 Minuten, bzw. bis das Gemüse gar ist, köcheln.

Währenddessen den Reis nach Packungsanweisung kochen. Nach der Garzeit den Ingwer aus dem Topf nehmen, Erdnussmus und Sojasauce hineinrühren und alles mit Salz und Pfeffer abschmecken. Alles zusammen mit dem Reis servieren.

TIPP

Reste lassen sich gut zu einer Suppe pürieren. Einfach noch mit etwas Wasser verdünnen und nachwürzen! Ein 2-in-1 Gericht.

SNACK-VÜRSTCHEN MIT BOHNEN & SEITAN

Eine Proteinbombe und superlecker dazu – das sind unsere Vürstchen! Im Brötchen, mit selbst gemachten Pommes, zum herzhaften Frühstück oder als Snack zum Mitnehmen. Diese kleinen Knacker schmecken immer und allen.

ZUTATEN

FÜR 12 VÜRSTCHEN

Zubereitungszeit: 80 Minuten

150 g Riesenbohnen (vorgegart, Glas)
50 ml Öl
1 TL Knoblauchpulver
2 TL geräuchertes Paprikapulver
½ TL frisch geriebene Muskatnuss
½ TL gemahlener Koriander
1 TL Zwiebelpulver
1 TL getrockneter Majoran
½ TL gemahlener Kreuzkümmel
1 TL getrockneter Thymian
2 TL Salz
½ TL Pfeffer
1 EL Tomatenmark
200 g Seitan-Basis
Öl zum Braten

Außerdem

Backpapier, Alufolie, Dampfaufsatz

ZUBEREITUNG

Die Bohnen mit einer Gabel zerdrücken oder in einem Standmixer glatt pürieren, anschließend in eine große Schüssel umfüllen. Alle weiteren Zutaten bis auf die Seitan-Basis hinzugeben und zusammen mit 300 ml Wasser gut durchmixen. Schließlich die Seitan-Basis hinzufügen und für 2 Minuten gut durchkneten. Backpapier und Alufolie in 12 ca. 10 cm breite Streifen schneiden.

Die Masse in 12 Bällchen teilen und jedes Bällchen zu Vürstchen formen, in Backpapier einwickeln und dann eng in Alufolie wickeln. Dabei die Enden wie ein Bonbon verzwirbeln, sodass nichts mehr verrutscht.

Einen großen Topf mit Dampfeinsatz 3 cm mit Wasser füllen. Die eingewickelten Vürstchen auf den Einsatz legen und mit geschlossenem Deckel bei mittlerer Hitze für ca. 30 Minuten dampfgaren. Wenn sie gar sind, die Vürstchen auswickeln und in etwas Öl in der Pfanne bei mittlerer Hitze braun braten.

TIPP

Mit Ketchup (Seite 75) und Currypulver ist schnell eine Currywurst gezaubert.

FRISCHER TOMATEN-KETCHUP

OHNE ZUCKER!

Schon mal Ketchup selbst gemacht? Es lohnt sich, denn er schmeckt wirklich köstlich, und wir wissen am Ende genau, was drin ist. Also unbedingt mal ausprobieren!

ZUTATEN

FÜR CA. 300 ML KETCHUP

Zubereitungszeit: 90 Minuten

1 kg reife Tomaten
1 Knoblauchknolle
2 cm frischer Ingwer
80 g Rosinen
1 TL Salz
60 ml Apfelessig

ZUBEREITUNG

Tomaten waschen, putzen und grob würfeln. Die Knoblauchknolle und den Ingwer schälen und alles in grobe Stücke schneiden.

Tomaten, Knoblauch und Ingwer zusammen mit den restlichen Zutaten in einen Topf geben und bei mittlerer Hitze ca. 20 Minuten kochen. Dann auskühlen lassen und in einem Standmixer glatt pürieren. Durch ein Sieb streichen und wieder zurück in den Topf geben.

Die Mischung jetzt einmal aufkochen und dann auf kleinster Stufe für ca. 40 Minuten einreduzieren. In einen luftdichten Behälter abfüllen und kalt stellen. Im Kühlschrank hält sich der Ketchup bis zu 4 Wochen.

TIPP

Lust auf Currywurst? Einfach Vürstchen (Seite 74) zerkleinern, Ketchup und etwas Currypulver drauf.

REGENBOGEN-SOBA

IN DER BOWL

„Eat the rainbow" ist hier Programm! Je bunter, desto besser, also welches Gemüse darf bei eurem Regenbogen nicht fehlen?

ZUTATEN

FÜR 4 PORTIONEN

Zubereitungszeit: 25 Minuten

270 g Soba-Nudeln
1 rote Paprika
500 g Rotkohl
2 Möhren
200 g Mais
150 g Edamame
3 EL Sesam

Für die Sauce

2 Knoblauchzehen
2 cm frischer Ingwer
3 EL Sojasauce
2 EL geröstetes Sesamöl
1 EL Reisessig
Salz, Pfeffer

ZUBEREITUNG

Die Soba-Nudeln nach Packungsanleitung kochen und anschließend kalt abschrecken.

Die Paprika halbieren, putzen, waschen und in feine Streifen schneiden. Vom Rotkohl die äußeren Blätter und den Strunk entfernen und den Rest ebenfalls in feine Streifen schneiden (Achtung: Rotkohl färbt stark ab – Handschuhe tragen!). Die Möhren schälen und in feine Stifte schneiden.

In einer großen Pfanne das Gemüse in etwas Wasser zusammen mit Mais und Edamame weich dünsten. Wenn das Gemüse weich genug und das Wasser verdampft ist, den Sesam in die Pfanne streuen, Hitze hochschalten und kurz rösten.

Für die Sauce den Knoblauch und den Ingwer schälen und fein reiben. Beides zusammen mit allen anderen Zutaten für die Sauce vermischen.

Die abgeschreckten Soba-Nudeln und Sauce in die Pfanne zum Gemüse geben, alles gut vermengen und mit Salz und Pfeffer abschmecken.

TIPP

Für einen Regenbogeneffekt das Gemüse separat dünsten und im Halbkreis um die Nudeln herum anrichten.

NUDEL-MUSCHELN AUS DEM OFEN

Ein richtiges Wohlfühlessen, das am besten immer schon vorbereitet im Gefrierfach auf seinen Einsatz wartet. So kann selbst der chaotischste Tag noch ein leckeres Ende finden. Einfach in den Ofen schieben und entspannen, Mama/Papa!

ZUTATEN

FÜR 4 PORTIONEN

Zubereitungszeit: 40 Minuten

200 g Cashewkerne
1 EL Apfelessig
4 EL Hefeflocken
½ TL Knoblauchpulver
½ TL Zwiebelpulver
1 EL gehackte Petersilie
1 EL gehacktes Basilikum
Salz, Pfeffer
20 große Muschelnudeln (Conchiglioni)

Außerdem

1 EL Olivenöl
Tomatensauce à la Mama (Seite 60)
Cashewrella (Seite 61; nach Belieben)

ZUBEREITUNG

Für die Ricottacreme die Cashewkerne entweder über Nacht in Wasser einweichen oder für 10 Minuten in Wasser weich kochen, anschließend abgießen. Zusammen mit Essig, Hefeflocken, Knoblauchpulver, Zwiebelpulver und 100 ml Wasser in einen Standmixer geben und glatt mixen. Dann die gehackte Petersilie und das Basilikum untermengen und gut mit Salz und Pfeffer abschmecken.

Den Ofen auf 180 °C (Ober-/Unterhitze) vorheizen.

Den Boden einer großen Auflaufform (oder zwei mittelgroßen) mit der Tomatensauce à la Mama bedecken, jeweils einen gehäuften Teelöffel der Ricottacreme in die Muschelnudeln füllen, leicht mit den Fingern andrücken und auf die Tomatensauce legen, mit den restlichen Nudeln so fortfahren. Die Auflaufform abdecken und für ca. 20 Minuten im heißen Ofen (Mitte) garen. Dann mit etwas Olivenöl beträufeln.

TIPP

Am besten gleich zwei Auflaufformen machen und eine vor dem Garen einfrieren. Später einfach etwas länger im Ofen erwärmen, so hat man immer ein fertiges Gericht parat, wenn's mal schnell gehen muss!

ONE-POT-ORZO

MIT GEMÜSE

Wie ein kleiner Urlaub, nur zu Hause. Und außerdem braucht man wieder nur eine Pfanne, also weniger Abwasch! Das ist ja gleich wie doppelter Urlaub!

ZUTATEN

FÜR 4 PORTIONEN

Zubereitungszeit: 45 Minuten

500 g gemischtes Gemüse (TK oder frisch, z. B. Zucchini, Mais, Erbsen, Bohnen, Blumenkohl ...)

3 Knoblauchzehen

8 Kirschtomaten

1 EL Olivenöl

100 g Tofu

100 g Orzo

Salz, Pfeffer

400 ml Gemüsebrühe (ohne Salz)

Für das Kräuteröl

10 g Petersilie

10 g Basilikum

40 ml Olivenöl

1 EL Zitronensaft

Abrieb von 1 Bio-Zitrone

Salz, Pfeffer

ZUBEREITUNG

Das Gemüse waschen, putzen und in mundgerechte Stücke schneiden. Den Knoblauch schälen und in dünne Scheiben schneiden. Die Tomaten waschen und halbieren.

Das Öl in einer großen Pfanne erhitzen, Knoblauch und Tomaten kurz anbraten und dann den Tofu mit den Händen hinein bröseln und kurz mitbraten. Das kleingeschnittene Gemüse und den Orzo hinzugeben, mischen und gut mit Salz und Pfeffer würzen.

Zum Schluss die Brühe hineingießen, bis alles bedeckt ist, und anschließend mit geschlossenem Deckel bei mittlerer Hitze so lange köcheln, bis der Orzo gar ist.

Für das Kräuteröl alle Zutaten in einem Mixer fein pürieren. Vor dem Servieren die Orzo-Pfanne mit dem Kräuteröl beträufeln.

TIPP

Schmeckt auch kalt und ist ein tolles Gericht für Partys, Picknicks oder Grilltage.

QUESO-SAUCE

FÜR ALLE GELEGENHEITEN

So eine cremige und käsige Sauce, die sowohl kalt als auch warm gut schmeckt. Als Dip, zu Pasta oder auf Pizza – geht immer!

ZUTATEN

FÜR 4 PORTIONEN

Zubereitungszeit: 20 Minuten

100 g Cashewkerne
4 EL Hefeflocken
½ TL Salz
½ TL gemahlene Kurkuma
½ TL Knoblauchpulver
Pfeffer

ZUBEREITUNG

Cashewkerne in eine Schüssel geben, mit kochendem Wasser übergießen und für 15 Minuten ziehen lassen. Dann das Wasser abschütten und die Cashews kurz mit frischem Wasser abwaschen.

Die Cashewkerne mit den anderen Zutaten in einen Mixer geben und glatt pürieren. Nach und nach bis zu 200 ml heißes Wasser dazugeben, bis die Masse keine Stückchen mehr hat und schön cremig ist. Das kann einige Minuten dauern, je nachdem wie stark der Mixer ist.

Luftdicht verschlossen ist die Sauce einige Tage im Kühlschrank haltbar.

TIPP

Die Sauce passt auch gut zu Pasta und zu den Kartoffel-Nachos (Seite 85).

LOADED KARTOFFEL-NACHOS VOM BLECH

Ein Liebling in unserer Familie! Knusprig, cremig, würzig und richtig herzhaft. Außerdem macht es Spaß, das Gericht mit den Händen zu essen und die Kartoffeln in die Queso-Sauce zu dippen. Auch die Kleinsten lieben es!

ZUTATEN

FÜR 4 PORTIONEN

Zubereitungszeit: 50 Minuten

1 kg festkochende Kartoffeln
2 EL Öl
Salz
8 Kirschtomaten
2 Frühlingszwiebeln
240 g schwarze Bohnen (vorgegart, Dose)
1 TL gemahlener Kreuzkümmel
1 TL Oregano
½ TL Knoblauchpulver
Pfeffer
Koriandergrün (nach Belieben)

Außerdem

Queso-Sauce (Seite 84) zum Dippen

ZUBEREITUNG

Backofen auf 220 °C (Ober-/Unterhitze) vorheizen. Ein Backblech mit Backpapier auslegen.

Kartoffeln waschen und mit der Schale in ca. 0,5 cm dünne Scheiben schneiden, in einer Schicht auf das Backblech geben und mit 1 EL Öl und Salz mischen. Im heißen Ofen (Mitte) ca. 40 Minuten knusprig garen, dabei in der Hälfte der Zeit einmal wenden.

Die Kirschtomaten waschen und halbieren, die Frühlingszwiebeln putzen, ebenfalls waschen und in feine Ringe schneiden. Den übrigen EL Öl in eine kleine Pfanne geben und diese auf mittlere Stufe erhitzen. Tomaten und Frühlingszwiebel in die Pfanne geben und die schwarzen Bohnen und die Gewürze hinzugeben. Einige Minuten weiterbraten, bis alles schön weich ist.

Zum Anrichten die Kartoffeln als erste Schicht auf einen Teller oder Blech geben, darüber die Queso-Sauce und dann die Bohnen verteilen. Nach Belieben mit frischem Koriander bestreuen.

DIE EINE SUPPE MIT NUDELN

Die eine Suppe, die immer geht! Sie gibt Kraft, geht schnell und schmeckt einfach lecker.

ZUTATEN

FÜR 4 PORTIONEN

Zubereitungszeit: 30 Minuten

- 1 Zwiebel
- 2 Stangen Staudensellerie
- 1 große Möhre
- Öl zum Braten
- 1 EL Tomatenmark
- 1 Zucchini
- 100 g Cannellini-Bohnen (Dose)
- 100 g TK-Erbsen (alternativ aus der Dose)
- 100 g TK-Mais (alternativ aus der Dose)
- 1 Lorbeerblatt
- 1 TL getrockneter Oregano
- 1 TL getrockneter Thymian
- 1,5 l Gemüsebrühe
- 160 g Vollkornnudeln (z. B. Pipette Rigate)
- Salz, Pfeffer
- 1 Handvoll frisches Basilikum

ZUBEREITUNG

Die Zwiebel schälen und fein würfeln. Sellerie waschen und putzen, die Möhre schälen und beides in kleine Stücke schneiden.

Öl in einem Topf erhitzen, Zwiebel, Sellerie und Karotte anbraten, bis die Zwiebeln glasig sind. Anschließend das Tomatenmark hinzugeben und kurz mitbraten.

Währenddessen die Zucchini waschen und in kleine Stücke schneiden. Bohnen, Erbsen und Mais in ein Sieb gießen und kurz abtropfen lassen.

Nun Bohnen, Mais, Erbsen, Zucchini, das Lorbeerblatt und die Gewürze in die Pfanne geben und dann mit der Brühe aufgießen. Nun kommen die Vollkornnudeln mit in den Topf. Alles so lange bei mittlerer Hitze köcheln lassen, bis die Nudeln gar sind.

Mit Salz und Pfeffer abschmecken und das Lorbeerblatt herausnehmen. Das Basilikum waschen, trocken schütteln und grob kleinzupfen. Die Suppe mit frischem Basilikum servieren.

TIPP

Einfach TK-Gemüse nehmen, wenn es mal superschnell gehen muss!

CHILI QUINOA

SOULFOOD-EDITION

Das perfekte Gericht, wenn man von einem schönen Herbstspaziergang nach Hause kommt. Das wärmt auf und macht satt.

ZUTATEN

FÜR 4 PORTIONEN

Zubereitungszeit: 25 Minuten

1 grüne Paprika

1 Zwiebel

4 Portionen Tomatensauce à la Mama (Seite 60)

240 g Kidneybohnen (vorgegart, Dose)

100 Mais (Dose)

2 TL gemahlener Kreuzkümmel

1 Lorbeerblatt

200 g Quinoa

400 ml Gemüsebrühe

2 EL gehacktes Koriandergrün

Salz, Pfeffer

ZUBEREITUNG

Paprika halbieren, putzen, waschen und fein würfeln. Die Zwiebel schälen und ebenfalls fein würfeln.

Die Tomatensauce in einen großen Topf geben, Paprika, Zwiebel und alle anderen Zutaten bis auf Koriander, Salz und Pfeffer hinzufügen und alles für 10–15 Minuten zugedeckt bei mittlerer Hitze köcheln lassen, bis die Quinoa gar ist.

Zum Schluss mit Salz und Pfeffer abschmecken. Das Lorbeerblatt entfernen und vor dem Servieren die Quinoa mit den frischen Korianderblättern bestreuen.

TIPP

Reste können mit der Queso-Sauce (Seite 84) in einen Tortilla-Wrap gewickelt werden.

SUPERFIXE GIMBAP-TÖRTCHEN

MIT TOFU

Lust auf Gimbap, aber keine Skills, die Rollen zu machen? I got you! Mit dieser Törtchenvariante sehen sie nicht nur superlecker aus, sondern sind auch so viel einfacher zu machen, und trotzdem hat man das Feeling, Gimbap zu essen.

ZUTATEN

FÜR 12 TÖRTCHEN

Zubereitungszeit: 50 Minuten

300 g Rundkornreis
Salz
1 EL geröstetes Sesamöl plus etwas mehr für Reis und Spinat
1 Möhre
1 Knoblauchzehe
60 g Spinat
100 g Tofu
Sesamöl zum Braten
Pfeffer
3 Nori-Blätter

Außerdem

Ein Muffinblech

ZUBEREITUNG

Reis nach Packungsanweisung kochen, danach noch warm in einer Schüssel mit Salz und Sesamöl würzen und vermengen. Nicht zu fest rühren, um den Reis nicht zu zerdrücken.

Die Möhre schälen und in feine Streifen schneiden. Eine Pfanne auf mittlere Stufe erhitzen und die Möhrenstreifen zusammen mit etwas Wasser hineingeben. Einige Minuten weich dünsten, dann in einer kleinen Schüssel mit einigen Tropfen Sesamöl und Salz würzen und beiseite stellen.

Den Knoblauch schälen und klein schneiden, den Spinat waschen und abtropfen lassen. Beides in die Pfanne geben und dünsten, bis der Spinat zusammenfällt, dann mit Salz und einigen Tropfen Sesamöl würzen.

Den Tofu in 1 cm breite Streifen schneiden und in etwas Öl knusprig braten. Mit Salz und Pfeffer würzen.

Die Nori-Blätter mit einer Küchenschere vierteln, dann jedes Viereck an einer Ecke bis zur Mitte einschneiden und wie einen Kegel formen. Die überlappenden Enden mit etwas Wasser zusammenkleben und so in ein Muffinförmchen legen.

Mit nassen Händen den Reis in golfballgroße Kugeln formen, in die Nori-Form pressen und mit den Karotten, einem Stück Tofu und Spinat belegen. Mit dem restlichen Reis und Nori-Blättern so fortfahren.

TIPP

Für eine Sushi-Törtchen-Variante kannst du das Sesamöl überall weglassen und den Reis dafür mit Reisessig und Salz würzen.

MAC AND CHEESE MIT OFENGEMÜSE

Nudeln mit Käse und das am liebsten jeden Tag! Wer hätte gedacht, dass bei dieser Mac-and-Cheese-Variante so viele Gemüsesorten drin sind? Die können natürlich beliebig ausgetauscht werden.

ZUTATEN

FÜR 4 PORTIONEN

Zubereitungszeit: 40 Minuten

2 Möhren
800 g Kürbis (z. B Hokkaido)
1 Zwiebel
3 Knoblauchzehen
1 rote Paprika
200 g Blumenkohl
2 EL Olivenöl
Salz
500 g Vollkornnudeln (z. B. Dinkel Vollkorn Locken)
20 g Hefeflocken
¼ TL Muskat
1 TL edelsüßes Paprikapulver
50 ml Sojadrink
Pfeffer
1 EL Zitronensaft

ZUBEREITUNG

Backofen auf 200 °C (Ober-/Unterhitze) vorheizen.

Möhren, Kürbis, Zwiebel, Knoblauch, Paprika und Blumenkohl waschen, schälen, putzen, und grob stückeln.

Das Gemüse auf ein mit Backpapier belegtes Backblech geben und mit Öl und Salz mischen. Im heißen Backofen (Mitte) für 30 Minuten, oder bis das Gemüse weich ist, garen.

Währenddessen die Pasta nach Packungsanweisung al dente kochen und das Nudelwasser auffangen.

Jetzt das weiche Gemüse in einen Standmixer geben, Hefeflocken, Gewürze und Sojadrink dazu geben und alles cremig mixen. Mit dem aufgefangenen Pastawasser verdünnen, bis die Sauce schön cremig wird, und die gewünschte Konsistenz zum Servieren hat. Mit Salz, Pfeffer und Zitronensaft abschmecken. Zum Schluss über die Pasta geben, alles vermengen und servieren.

TIPP

Wer lieber einen Auflauf möchte, kann das Gericht in eine Auflaufform geben und mit Cashewrella (Seite 61) im Ofen gratinieren.

SNACKS UND MITBRING-GERICHTE

GARTEN-MUFFINS MIT BUNTEM GEMÜSE

Diese Muffins können beliebig gefüllt werden und eignen sich besonders gut, um Gemüsereste weiterzuverarbeiten. Einfach das rein, was der Kühlschrank hergibt, oder was gerade am besten schmeckt.

ZUTATEN

FÜR 8 STÜCK

Zubereitungszeit: 50 Minuten

400 g verschiedenes Gemüse (z. B. Zucchini, Möhren, Erbsen, Mais, Blumenkohl)
2 Knoblauchzehen
1 Frühlingszwiebel
1 EL Öl zum Braten
Salz, Pfeffer
250 g Seidentofu
50 g Kichererbsenmehl
3 EL Hefeflocken
¼ TL gemahlene Kurkuma
1 TL getrocknete italienische Kräuter
1 TL Backpulver
Kala Namak (nach Belieben)
Pflanzendrink (nach Belieben)

Außerdem

Silikon-Muffinförmchen (alternativ Muffinblech)

ZUBEREITUNG

Den Backofen auf 180 °C (Ober-/Unterhitze) vorheizen.

Das Gemüse in möglichst einheitlich kleine Würfel schneiden. Den Knoblauch schälen und fein hacken, die Frühlingszwiebel putzen, waschen und in feine Ringe schneiden.

Das Öl in einer großen Pfanne erhitzen und die Gemüsewürfel einige Minuten darin braten. Dann die Frühlingszwiebeln und Knoblauch hinzugeben und weiter braten, bis es duftet. Mit Salz und Pfeffer abschmecken.

Seidentofu und Kichererbsenmehl in einem Stand- oder mit dem Stabmixer pürieren. Hefeflocken, Kurkuma, italienische Kräuter und Backpulver zugeben und mit Salz und Pfeffer abschmecken. Falls verwendet, auch das Kala Namak hinzufügen. Wenn die Masse zu dick ist, mit etwas Pflanzendrink verdünnen. Der Teig sollte aber trotzdem dickflüssig sein. Nun das Gemüse zur Mischung geben und alles gut vermengen, dann den Teig auf die Muffinförmchen verteilen und im heißen Ofen (Mitte) ca. 30 Minuten backen. Anschließend abkühlen lassen.

TIPP

Bitte verwende keine Papierförmchen für dieses Rezept. Die fertigen Muffins schmecken auch kalt gut und sind ideal zum Mitnehmen oder für die Brotbox.

BELEIDIGTE LEBERWURST

DER UNIVERSAL-AUFSTRICH

Schmeckt wunderbar herzhaft und wertet jede Stulle auf! Für die Brotdose, zum Abendbrot oder auch auf Cracker für einen proteinreichen Snack.

ZUTATEN

FÜR EIN GLAS À 400 ML

Zubereitungszeit: 15 Minuten

2 Zwiebeln
1 Knoblauchzehe
200 g Kidneybohnen (vorgegart, Dose)
100 g Berglinsen (vorgegart)
60 g Kokosöl (desodoriert)
2 TL getrockneter Majoran
¼ TL frisch geriebene Muskatnuss
½ TL geräuchertes Paprikapulver
¼ TL gemahlener Koriander
¼ TL gemahlener Ingwer
¼ TL gemahlene Nelken
1 TL gemahlener Thymian
Salz, Pfeffer
1 EL gehackte Petersilie

ZUBEREITUNG

Zwiebeln und Knoblauch schälen und fein würfeln. In einer Pfanne in etwas Wasser, ohne Öl, weich garen.

Alle Zutaten bis auf die gehackte Petersilie im Mixer so fein pürieren wie gewünscht. Wer es gröber mag, püriert nicht so lange. Zum Schluss die Petersilie untermengen. In ein Schraubglas füllen und im Kühlschrank ziehen lassen. Hält gekühlt bis zu einer Woche.

TIPP

Klein gewürfelte Apfelstückchen zusammen mit den Zwiebeln und dem Knoblauch garen für eine süß-saure Note.

CRUNCHY SÜSSKARTOFFEL-CRACKER MIT SPRINKLES

Achtung Suchtgefahr! Ein supercrunchy Snack, der ganz leicht süß schmeckt – einfach herrlich!

ZUTATEN

FÜR CA. 100 STÜCK

Zubereitungszeit: 2 Stunden

1 große Süßkartoffel (à ca. 250 g)
250–300 g Dinkelmehl (Type 630)
40 g vegane Butter
1 TL Weinstein-Backpulver
½ TL Salz

Optional

Sesam, Zimt, Mohn, Salz, Hefeflocken …

ZUBEREITUNG

Die Süßkartoffel mit einer Gabel mehrfach einstechen und für ca. 45 Minuten bei 200 °C (Ober-/Unterhitze) im Ofen weich garen (Wenn es schneller gehen soll, kann sie auch im Dampfgarer zubereitet werden).

Nach der Garzeit die Schale der Süßkartoffel entfernen und die Kartoffel mit dem Stabmixer pürieren. Das Dinkelmehl und die vegane Butter mit den Händen zerkrümeln, bis sie gut vermengt sind, dann die restlichen Zutaten sowie 250 g des Süßkartoffelpürees (wenn noch etwas übrigbleibt, die Reste anderweitig verwenden) dazugeben und alles zu einem Teig verkneten. Wenn Gewürze verwendet werden sollen, diese noch hinzufügen und dann den Teig vierteln und in Frischhaltefolie legen. Platt drücken und für 30 Minuten im Kühlschrank ruhen lassen.

Den Ofen auf 200 °C (Ober-/Unterhitze) vorheizen.

Den Teig auf einer bemehlten Arbeitsfläche ausrollen, und zwar so dünn wie möglich! Dann mit Ausstechern Formen ausstechen – oder, wenn es schnell gehen muss, einfach den Teig in Streifen und dann in mundgerechte Rechtecke schneiden. Die Cracker auf ein mit Backpapier belegtes Backblech legen. Wenn noch Toppings verwendet werden sollen, diese jetzt auf den Teigstückchen verteilen und alles im heißen Ofen (Mitte) für ca. 10 Minuten knusprig backen. Aufpassen, dass sie nicht dunkel werden! Anschließend abkühlen lassen und luftdicht lagern.

TIPP

Der Teig lässt sich mit Gewürzen aromatisieren oder man bestreut die Cracker vor dem Backen mit Samen etc.

FIXE PEANUTBUTTER BANANA COOKIES

MIT HAFERCRUNCH

Schnell gemachte Cookies, wenn das Kind mal wieder nicht warten kann, oder man selbst etwas hangry ist, wer kennt's? Diese Cookies geben Power, sind yummy, und die Zutaten hat man eigentlich so gut wie immer zu Hause vorrätig.

ZUTATEN

FÜR CA. 15 STÜCK

Zubereitungszeit: 25 Minuten

1 EL Chia-Samen

2 reife Bananen

50 g Hafermehl (alternativ Haferflocken in einem Mixer zu Mehl mahlen)

60 g Haferflocken

50 g Erdnussmus

1 EL Backkakao

ZUBEREITUNG

Chia-Samen in eine kleine Schüssel geben und mit Wasser bedecken, umrühren und für 10 Minuten stehen lassen, bis die Masse eine gelartige Konsistenz bekommt.

Ofen auf 180 °C (Ober-/Unterhitze) vorheizen.

In einer Schüssel die Bananen zerdrücken, dann Hafermehl, Haferflocken, Erdnussmus, Kakao und Chia-Samen hinzugeben und alles gut vermengen. Den Teig für 5 Minuten ruhen lassen.

Ein Backblech mit Backpapier auslegen und esslöffelweise Teig auf das Blech geben. Für 10–12 Minuten im heißen Ofen (Mitte) backen und abkühlen lassen.

TIPP

Kakao-Nibs, klein geschnittene Trockenfrüchte oder Nüsse sind eine schöne Ergänzung.

FRUCHTIGE OBSTZWERGE MIT ERDBEEREN

Schmeckt nach Kindheit! Die Obstzwerge sind bei uns ein beliebtes Dessert – oder mit frischen Beeren getoppt auch ein Frühstück!

ZUTATEN

FÜR 500 G JOGHURT

Zubereitungszeit: 10 Minuten plus Einweichzeit

250 g Cashewkerne

300 g Erdbeeren (alternativ TK-Erdbeeren)

200 g Soja-Joghurtalternative

4 EL Chia-Samen

ZUBEREITUNG

Die Cashewkerne in eine kleine Schüssel geben, mit Wasser bedecken und über Nacht einweichen lassen.

Am nächsten Tag in ein Sieb geben und mit frischem Wasser abspülen, dann mit den restlichen Zutaten in einem Standmixer glatt pürieren. Das kann einige Minuten dauern. Luftdicht verschlossen halten die Obstzwerge sich bis zu 5 Tage im Kühlschrank.

TIPP

Gerne das Rezept mal mit anderem Obst oder einem Fruchtmix ausprobieren. Das klappt zum Beispiel super mit tiefgekühlten Früchten. Diese immer etwas antauen lassen, bevor sie in den Mixer kommen.

KUNTERBUNTE MINI-PIZZA MIT TOPPING-AUSWAHL

Diese Mini-Pizza ist eine schöne Zwischenmahlzeit oder Snack. Einmal den Teig gemacht, lässt sie sich nach Belieben belegen und schmeckt auch kalt noch superyummy.

ZUTATEN

FÜR 16 STÜCK

Zubereitungszeit: 25 Minuten

240 g Kichererbsenmehl

120 g Tapiokastärke

¼ TL Salz

Öl zum Braten

Außerdem

200 g Tomatensauce à la Mama (Seite 60)

Toppings nach Wahl – z.B: Linsen, Champignons, Paprika, Mais, Brokkoli, Karotten, Vürstchen (Seite 74), Hefeflocken, Cashewrella (Seite 61) ...

1 TL getrockeneter Oregano

1 EL Olivenöl

ZUBEREITUNG

In einer Schüssel Kichererbsenmehl, Tapiokastärke und Salz vermischen, dann langsam ca. 400 ml Wasser hineingeben und dabei mit einem Schneebesen den Teig glatt rühren. Eine Pfanne erhitzen, etwas Öl hineingeben und kleine Pfannkuchen von beiden Seiten ausbacken, bis sie schön goldbraun sind.

Die Pfannkuchen aus der Pfanne nehmen, mit der Tomatensauce bestreichen, mit Toppings nach Wunsch belegen, etwas Oregano darüber streuen und mit einigen Tropfen Olivenöl beträufeln.

TIPP

Wenn der vegane Käse zerlaufen soll, einfach die Pfannkuchen nach dem Belegen noch 1 Minute in der Hitze in der Pfanne lassen, einige Tropfen Wasser hinzugeben und mit einem Deckel zudecken.

ENERGY BALLS AUS KICHERERBSEN

Nussfreier Kindergarten? I got you! Wie wäre es mit Energy Balls aus Kichererbsen? Sie schmecken total lecker, sind schnell gemacht und auch noch super proteinreich. Einfach die Lieblings-Geschmacksrichtung wählen und genießen.

ZUTATEN

FÜR CA. 50 STÜCK

Zubereitungszeit: 20 Minuten

100 g Haferflocken

220 g Kichererbsen (vorgegart, Glas oder Dose)

7 getrocknete Datteln (Medjool, ohne Stein)

Salz

Optional

Gewürze (z. B. Zimt, Vanille ...), gefriergetrocknete Früchte, Chia-Samen, fein geraspeltes Gemüse, Backkakao, Kokosraspel, Kerne, Samen ...

ZUBEREITUNG

In einem Standmixer die Haferflocken zu Mehl mixen, dann die restlichen Zutaten sowie 1 Prise Salz hinzugeben und alles zu einem Teig vermixen.

Jetzt die gewünschten optionalen Zutaten hinzufügen, oder die Mischung einfach so lassen, und mit den Händen zu kleinen Bällchen formen. Luftdicht verschlossen und gekühlt sind die Bällchen einige Tage haltbar.

TIPP

Mit einem Reisbällchen-Former, den man für wenig Geld z. B. im Internet kaufen kann, sind die Bällchen ratzfatz gemacht und zudem auch alle gleich groß.

FROSTIGE BANANEN BITES MIT TOPPINGS

Bananen Bites sind ein toller Snack, der sich beliebig kombinieren lässt. Übrigens auch ein schöner Party-Snack, der allen Spaß bringt! Am besten eine kleine Station für die Kinder herrichten, bei der sie selbst kombinieren können.

ZUTATEN

FÜR 8 PORTIONEN

Zubereitungszeit: 40 Minuten

4 Bananen (je reifer, desto süßer)

8 Holzstiele

Kombinationsmöglichkeiten

pflanzliche Joghurtalternative

Nussmus als Dip oder zum Beträufeln

Kokosraspel

gehackte Nüsse

getrocknete kleine Früchte wie Cranberrys

gefriergetrocknete Himbeeren

Chia-Samen

Sesam

Hanfsamen

essbare Blüten

Kakao-Nibs

ZUBEREITUNG

Die Bananen schälen und halbieren, dann jeweils einen Holzstiel hineinstecken. Tief genug, dass die Banane nicht wegrutschen kann, aber ausreichend viel vom Stiel rausstehen lassen, um sie noch gut halten zu können.

Ein Backblech mit Backpapier auslegen. Jetzt die Bananen beliebig belegen, eine kleine Anregung gibt es in der Zutatenliste. Zum Beispiel in Sojajoghurt tauchen, dann mit klein gehackten Nüssen bestreuen.

Die fertig dekorierten Bananen auf das Backpapier legen und für 30 Minuten ins Gefrierfach geben. Gefroren halten sie sich bis zu einer Woche und schmecken dann wie Eiscreme.

TIPP

Für eine kleinere Portion zwischendurch oder für die ganz Kleinen unter uns einfach die Bananen in Scheiben schneiden, dann dekorieren und kurz ins Gefrierfach geben.
Achtung: Die Bananen sind süßer, je reifer sie sind – mit ein bisschen Fingerspitzengefühl bei der Auswahl kann man etwas Variation ins Spiel bringen.

Cremiges Schoko-Träumchen mit Topping

Schokoladig, süß, cremig und lustige Kügelchen auf der Zunge. Das bekommt man mit diesem schokoladigen Träumchen.

ZUTATEN

FÜR 8 PORTIONEN

Zubereitungszeit: 30 Minuten

80 g Sago (alternativ Agar-Agar)

2 reife Bananen

6 getrocknete Datteln (Medjool, ohne Stein)

2 gehäufte EL Backkakao

200 ml Kokosmilch

½ TL gemahlener Zimt

Für das Topping

Kokoschips, Früchte (z. B. Beeren)

ZUBEREITUNG

Sago mit viel Wasser in einem kleinen Topf kochen, dabei gelegentlich umrühren. Wenn die Perlen durchsichtig sind, den Topf beiseite stellen und abkühlen lassen, anschließend abgießen.

Die restlichen Zutaten in einem Standmixer glatt pürieren. Sago unterheben, dann die Masse auf kleine Gläschen verteilen und kalt stellen. Vor dem Servieren mit Kokoschips und Früchten garnieren.

TIPP

Aufgeschlagene Kokoscreme als Topping für ein luftiges Wölkchen on top. Dazu einfach eine Dose cremige Kokosmilch über Nacht in den Kühlschrank stellen und am nächsten Tag vorsichtig nur den festen Teil auslöffeln, mit dem Handmixer aufschlagen und auf das Schoko-Träumchen geben.

TROPISCHES LIMANGO-FRUCHTEIS MIT KOKOSMILCH

Was ist Limango? Limette und Mango natürlich! Dazu noch cremige Kokosmilch und schon geht die Fantasiereise auf eine Trauminsel los!

ZUTATEN

FÜR 1 KASTENFORM (25 X 11 CM)

Zubereitungszeit: 10 Minuten und Zeit zum Einfrieren

1 Bio-Limette

300 g TK-Mango

200 ml Kokosmilch (½ Dose)

ZUBEREITUNG

Die Limette heiß abwaschen und die Schale abreiben. Anschließend in der Mitte durchschneiden und den Saft auspressen. Limettenschale und -saft mit allen anderen Zutaten in einem Standmixer glatt pürieren. Die Masse in eine Kastenform füllen und für mindestens 30 Minuten einfrieren. Vor dem Servieren einige Minuten antauen lassen, dann klappt das Löffeln besser!

TIPP

In einer Kokosnuss serviert, wird der exotische Traum perfekt! Wer keine Tiefkühl-Mango findet: Einfach frische Mango schälen, den Kern entfernen, das Fruchtfleisch in Stücke schneiden und selbst einfrieren.

ERDBEER-KONFITÜRE MIT CHIA

Wir lieben diese Blitz-Konfitüre! Sie ist in Windeseile gemacht und vielseitig einsetzbar. Lecker auf Porridge, zu Joghurt, auf Brot oder einfach so genascht.

ZUTATEN

FÜR EIN GLAS À 350 ML

Zubereitungszeit: 20 Minuten

1 Vanilleschote
300 g TK-Erdbeeren
2 EL Chia-Samen

ZUBEREITUNG

Die Vanilleschote längs aufschneiden und mit einem kleinen Messer das Mark auskratzen. Die Erdbeeren und das Vanillemark in einen kleinen Topf geben und auf mittlere Stufe erhitzen, dabei gelegentlich rühren.

Nach ca. 10 Minuten die Erdbeeren zerstampfen und die Chia-Samen unterrühren. Topf vom Herd nehmen und die Konfitüre in ein Glas abfüllen. Abkühlen lassen und anschließend im Kühlschrank aufbewahren.

TIPP

Die Konfitüre hält sich gut verschlossen 10 Tage im Kühlschrank. Sie lässt sich auch super mit anderem Obst zubereiten. Sehr lecker schmeckt sie auch auf Brot oder Crackern zusammen mit Nussmus für einen kleinen Powersnack zwischendurch.

BANANANA BANANENBROT MIT APFELMUS

Mit Bananenbrot bin ich aufgewachsen – und mittlerweile ist es auch hierzulande ein sehr beliebter Kuchen, der immer gerne gebacken wird, wenn die Bananen schon fast schwarz geworden sind. Hier können die Kleinen schon super beim Backen mithelfen.

ZUTATEN

FÜR 1 KASTENFORM (25 X 11 CM)

Zubereitungszeit: 70 Minuten

40 g vegane Butter
3 große, überreife Bananen
2 EL Apfelmus (Glas)
180 g Vollkornmehl
1 EL Speisestärke
1 TL Natron
1 TL gemahlener Zimt
¼ TL frisch geriebene Muskatnuss
¼ TL Salz

Außerdem

etwas vegane Butter zum Einfetten der Form

ZUBEREITUNG

Backofen auf 180 °C (Ober-/Unterhitze) vorheizen. Die Kastenform einfetten und mit Backpapier auslegen.

In einem kleinen Topf die Butter zum Schmelzen bringen. In einer großen Schüssel die Bananen mit einer Gabel zerdrücken und mit der geschmolzenen Butter und dem Apfelmus verrühren. In einer mittelgroßen Schüssel Vollkornmehl, Speisestärke, Natron, Zimt, Muskat und Salz mischen. Die trockenen Zutaten zu den feuchten geben und nur kurz vermengen. Nicht zu lange rühren! Teig in die Kastenform füllen und im heißen Ofen (Mitte) ca. 50 Minuten backen. Stäbchenprobe machen – an einem in den Kuchen gestochenen Holzstäbchen sollte nach dem Herausziehen kein feuchter Teig mehr kleben.

Nach dem Backen für 10 Minuten in der Form auskühlen lassen. Dann aus der Form nehmen, Backpapier ablösen und komplett auskühlen lassen.

TIPP

Gehackte Nüsse machen sich auch gut in diesem Bananenbrot. In einer runden Kuchenform gebacken und mit dem Cashew-Frosting (Seite 148) bestrichen, ergibt das eine schöne Geburtstagstorte oder einen Smash Cake für den ersten Geburtstag.

HERBSTLICHE APFELBUTTER IM GLAS

Wer einen ganzen Sack Äpfel gekauft hat, der sollte dieses Rezept unbedingt ausprobieren und sich bloß nicht von der Dauer des Einkochens abschrecken lassen. Es wird sich lohnen, denn die Apfelbutter schmeckt wie Herbst im Glas!

ZUTATEN

FÜR 1 GLAS À CA. 300 G

Zubereitungszeit: 4 ½ Stunden

1 kg Äpfel (z. B.Golden Delicious)
2 TL gemahlener Zimt

ZUBEREITUNG

Die Äpfel schälen, das Kerngehäuse entfernen und das Fruchtfleisch grob würfeln. In einem Topf zusammen mit Zimt und einem Schuss Wasser aufkochen, dann bei mittlerer Hitze ca. 20 Minuten weich garen.

Äpfel zerstampfen oder pürieren und zugedeckt bei kleiner Hitze ca. 4 Stunden einkochen, bis alles zu einer bernsteinfarbenen, streichbaren Masse geworden ist. Abkühlen lassen und in ein luftdichtes Gefäß abfüllen. Die Apfelbutter hält bis zu 2 Wochen im Kühlschrank.

TIPP

Der perfekte Aufstrich für Pancakes!

VANILLE-PUDDING WIE BEI OMMA

Dieser Pudding ist schnell gemacht und holt die eigenen Kindheitserinnerungen hervor. Wie eine warme Umarmung von Oma.

ZUTATEN

FÜR 4 PORTIONEN

Zubereitungszeit: 10 Minuten

1 Vanilleschote
gemahlene Kurkuma
Salz
500 ml Pflanzendrink
30 g Cashewmus
30 g Speisestärke

ZUBEREITUNG

Die Vanilleschote längs aufschneiden und in einen kleinen Topf geben. Je 1 Prise Kurkuma und Salz sowie allen anderen Zutaten darin bei mittlerer Hitze unter Rühren zum Kochen bringen.

Die Temperatur reduzieren und alles 1 Minute weiter köcheln lassen. Vanilleschote entfernen, den Pudding wahlweise noch warm oder abgekühlt servieren.

TIPP

Damit sich keine Haut bildet, einfach Frischhaltefolie direkt auf den warmen Pudding legen und dann kalt stellen. Pudding mit Obst (Kompott oder frischen Himbeeren) oder der Erdbeer-Chia-Konfitüre (Seite 122) servieren.

FRUCHTIGES HIMBEER-DESSERT MIT VANILLE

Schön fruchtig und hübsch anzusehen ist dieses Schichtdessert mit Himbeeren. Außerdem ist es sehr gut vorzubereiten und man hat immer ein kleines Dessert parat.

ZUTATEN

FÜR 4 PORTIONEN

Zubereitungszeit: 20 Minuten

1 Vanilleschote
60 g Chia-Samen
400 ml Sojadrink

Für die Himbeersauce

300 g TK-Himbeeren
1 große reife Banane
Schale von 1 Bio-Zitrone

ZUBEREITUNG

Die Vanilleschote längs aufschneiden und mit einem kleinen Messer das Mark auskratzen. Das Vanillemark gut mit den Chia-Samen und dem Sojadrink verrühren, damit sich keine Klümpchen bilden. Kurz stehen lassen und wieder umrühren. Die Mischung auf vier Gläser verteilen.

Die Himbeeren aus der Kühlung nehmen und auftauen lassen. Die Banane schälen, grob in Stücke brechen und in einen Standmixer geben. Einige Beeren als Topping aufheben, die restlichen mit der Banane und der Zitronenschale pürieren. Himbeer-Bananen-Mix auf die vier Gläser schichten und mit den Himbeeren toppen. Abdecken und für mindestens 3 Stunden oder über Nacht in den Kühlschrank stellen.

TIPP

Auf die Bananen-Himbeer-Schicht noch eine Schicht Kokossahne (Seite 154) geben.

DURSTLÖSCHER

VITAMIN C-BOMBE IM GLAS

Wie wäre es mit einer richtig yummy Vitamin C-Bombe? Die zwei verschiedenfarbigen Schichten sehen nicht nur toll aus, sondern sind vitamingeladen. Das bringt Sonne an einem trüben Wintertag.

ZUTATEN

FÜR 4 KLEINE GLÄSER

Zubereitungszeit: 10 Minuten

2 Kiwis

½ Banane

4 Eiswürfel

2 Orangen

ZUBEREITUNG

Die Kiwis und die Banane schälen und gemeinsam im Standmixer pürieren. Anschließend die Eiswürfel und den Kiwi-Bananen-Mix auf die Gläser verteilen.

Die Orangen halbieren, auspressen und den Saft vorsichtig mit einem Löffel auf den Bananen-Kiwi-Mix geben, ohne dass sich die beiden Flüssigkeiten mischen. Das Endergebnis ist ein supergesunder Drink mit richtig toller Optik!

TIPP

Erdbeeren, Zitronen und Mangos sind auch schöne Vitamin-C-Lieferanten.

GOLDEN BABYCCINO MIT MILCHSCHAUM

But first … Babyccino! Milchschaum schlürfen, was gibt es Besseres? Er lässt sich sowohl kalt als auch warm zubereiten, und man kann sich gemeinsam mit Kind eine kleine Kaffeepause gönnen.

ZUTATEN

FÜR 4 ESPRESSOTASSEN

Zubereitungszeit: 10 Minuten

250 ml Pflanzendrink (Barista)
¼ TL gemahlene Kurkuma
¼ TL Backkakao

ZUBEREITUNG

Den Pflanzendrink mit der Kurkuma mischen und in einem kleinen Topf bei niedriger Hitze erwärmen, anschließend aufschäumen. Das kann man entweder mit einem Milchaufschäumer oder einfach per Hand mit einem Schneebesen machen.

Die aufgeschäumte „goldene Milch" auf die Espressotassen verteilen und mit 1 Prise Kakaopulver bestreuen.

TIPP

Mit anderen Gewürzen wie Zimt, Kardamom oder Vanille verfeinern.

EXOTISCHER TROPICOOLADA-DRINK MIT KOKOSNUSS

Ein Schluck Urlaub gefällig? Smoothies eignen sich wunderbar, um die Kleinen in der Küche mit einzubinden. Abwiegen, hineingeben, Knopf drücken, schütten ... und die Größeren haben auch Spaß, weil es schnell und einfach geht.

ZUTATEN

FÜR 4 GLÄSER

Zubereitungszeit: 10 Minuten

2 Bananen
4 Orangen
150 g TK-Ananas
150 g TK-Mango
120 g Soja-Joghurtalternative
240 ml Kokoswasser

ZUBEREITUNG

Die Bananen schälen, anschließend in grobe Stücke zerteilen und über Nacht einfrieren.

Die Orangen schälen und grob zerkleinern. Mit der gefrorenen Banane und den anderen Zutaten in einem Standmixer cremig mixen. Anschließend auf 4 Gläser verteilen und mit Strohhalmen servieren.

TIPP

Am besten sind alle Zutaten vor dem Mixen tiefgekühlt. Wer die gefrorenen Früchte im Supermarkt nicht bekommt, kann sie alternativ auch frisch einkaufen und selbst einfrieren.

ROSAROTER THINK PINK SMOOTHIE MIT ROTER BETE

Dieser Smoothie hebt die Stimmung, schon alleine beim Anblick dieser wunderschönen Farbe! Er ist geladen mit Eisen, Ballaststoffen, Proteinen, Omega-3-Fettsäuren und Vitamin C und lässt einen nach dem Trinken durch die rosarote Brille schauen.

ZUTATEN

FÜR 4 GLÄSER

Zubereitungszeit: 10 Minuten

4 getrocknete Datteln (Medjool)
150 g Seidentofu
300 g TK-Erdbeeren
50 g TK-Himbeeren
250 g TK-Rote Bete
100 g TK-Blumenkohl
150 ml Pflanzendrink
2 EL Hanfsamen

ZUBEREITUNG

Die Datteln entsteinen und in einen Standmixer geben. Den Tofu trocken tupfen, in grobe Stücke schneiden und hinzufügen. Alles zusammen mit den anderen Zutaten auf höchster Stufe glatt pürieren. Auf die Gläser verteilen und mit Strohhalm servieren.

TIPP

Wenn ihr die Rote Bete nicht tiefgekühlt findet, einfach vorgekochte rote Bete in kleine Stücke schneiden und einfrieren.

Wer es noch süßer mag, kann gerne noch etwas gefrorene Banane hinzugeben.

AVOCADO-SCHOKO-SMOOTHIE MIT SPINAT

Dieser Smoothie ist voller guter Fette, beinhaltet eine ganze Handvoll Grünes (wer mag, auch gerne mehr), und das schmeckt man noch nicht einmal raus! Am besten überreife Bananen in Stückchen schneiden und einfrieren, so ist man gleich startklar!

ZUTATEN

FÜR 4 GLÄSER

Zubereitungszeit: 10 Minuten

2 reife Bananen

1 Avocado

2 Handvoll Spinat (alternativ Grünkohl)

2 EL Backkakao

240 ml Mandeldrink

2 EL Mandelmus

2 TL Hanfsamen

ZUBEREITUNG

Die Bananen schälen, anschließend in grobe Stücke schneiden und über Nacht einfrieren.

Die Avocado halbieren, Kern und Schale entfernen und zusammen mit der gefrorenen Banane in einen Standmixer geben. Spinat bzw. Grünkohl waschen, trocken schütteln und anschließend in grobe Stücke gezupft ebenfalls hinzufügen.

Alle restlichen Zutaten in den Standmixer geben und cremig rühren. Das kann einige Minuten dauern – dabei immer wieder mit einem Spatel die Ränder von der Smoothiemasse befreien, bis keine kleinen Stückchen mehr enthalten sind.

Alles auf Gläser verteilen und mit Strohhalm servieren.

TIPP

Die Zutaten für den Smoothie einfach vorab in Gefrierbeuteln portionieren. So geht es morgens viel schneller, und ihr müsst nur noch alles mit der Flüssigkeit im Standmixer glatt pürieren.

BESONDERE ANLÄSSE

CARROT CAKE MIT CASHEW FROSTING

Alles Gute zum Geburtstag – oder auch zum Nicht-Geburtstag, denn dieser Kuchen ist zu gut, um ihn nur einmal im Jahr zu essen! Aber vielleicht wird er ja auch der erste Geburtstagskuchen überhaupt, denn für einen Smash Cake eignet er sich super. Dann kann die Party losgehen!

ZUTATEN

FÜR 1 KUCHEN (Ø 26 CM)

Zubereitungszeit: 70 Minuten

2 Möhren

1 Apfel

200 g gemahlene Haselnüsse

130 g Dinkelmehl (Type 630)

1 EL Weinstein-Backpulver

2 TL gemahlener Zimt

¼ TL frisch geriebene Muskatnuss

¼ TL Ingwerpulver

Salz

2 EL Apfelmark

130 ml Mandeldrink

100 ml Rapsöl (alternativ Kokosöl)

Für das Frosting

200 g Cashewkerne

100 g getrocknete Datteln (Medjool, ohne Stein)

1 Vanilleschote

125 ml Mandeldrink

Außerdem

Springform (ø 26 cm)

ZUBEREITUNG

Die Cashewkerne über Nacht in Wasser einweichen.

Am nächsten Tag zunächst den Backofen auf 180 °C (Ober-/Unterhitze) vorheizen.

Möhren und Apfel schälen, das Kerngehäuse des Apfels entfernen und beides raspeln. In einer großen Schüssel Haselnüsse, Mehl, Backpulver und die Gewürze sowie 1 Prise Salz mischen. Dann Apfelmark, Mandeldrink und Rapsöl sowie die geraspelten Möhren und den Apfel hinzugeben und mit einem Löffel verrühren.

Den Teig in eine gefettete Springform (ø 26 cm) geben und für 50 Minuten im heißen Ofen (Mitte) backen. Komplett auskühlen lassen.

Für das Frosting die über Nacht eingeweichten Cashewkerne gut mit Wasser abspülen. Die Datteln mit kochendem Wasser übergießen und 10 Minuten ziehen lassen. Währenddessen mit einem kleinen Messer die Vanilleschote längst aufschneiden und das Mark herauskratzen. Das Vanillemark anschließend mit allen anderen Zutaten für das Frosting zusammen in einem Standmixer glatt mixen. Das Frosting hält sich bis zu 5 Tage im Kühlschrank. Jetzt nur noch den ausgekühlten Kuchen mit dem Frosting dekorieren und schon kann die Party losgehen!

TIPP

Für süße Cupcakes den Teig als Muffins backen und das Frosting mit einem Spritzbeutel aufspritzen.

APFEL-HERZCHEN ZUM VALENTINSTAG

Wenn dieses Rezept dann auch noch mit den ganz Kleinen zubereitet wurde, kann einem doch nur das Apfelherzchen aufgehen. Ich sag nur „Muttertag" *Zwinker*.

ZUTATEN

FÜR 4 PORTIONEN

Zubereitungszeit: 80 Minuten

4 große Äpfel (z.B. Elstar oder Boskop)
1TL gemahlener Zimt

Außerdem

kleine Herzausstecher

ZUBEREITUNG

Den Backofen auf 100 °C (Ober-/Unterhitze) vorheizen. Ein Backblech mit Backpapier auslegen.

Die Äpfel waschen und in sehr (!) dünne Scheiben schneiden, dann das Kerngehäuse mithilfe des Herzausstechers ausstechen. Es sollte jetzt ein kleines Herz in der Mitte des Apfels sichtbar sein. Die Apfelscheiben nebeneinander auf das Backpapier legen, mit dem Zimt bestreuen und für 40–60 Minuten im heißen Ofen (Mitte) backen. Nach der Hälfte der Backzeit einmal wenden. Die Apfelherzen sind fertig, wenn die Ränder trocken und wellig geworden sind. Auskühlen lassen und luftdicht lagern.

TIPP

Die Apfelherzchen machen sich auch schön als süße und knusprige Deko auf Torten und Kuchen.

BA, BA, WHITE SHEEP

OSTERLAMM

Superzart und saftig – für viele Familien ist ein Osterlamm eine liebgewonnene Tradition geworden. Manchmal ist so ein Mini-Kuchen auch viel schöner als ein großer. So kann jede*r seinen oder ihren ganz eigenen kleinen Kuchen bekommen.

ZUTATEN

FÜR EIN OSTERLAMM

Zubereitungszeit: 70 Minuten

80 g getrocknete Datteln (Medjool, ohne Stein)

60 g gemahlene Mandeln

80 g Dinkelmehl (Type 630)

1 gehäufter EL Kokosmehl

1 TL Zitronenschale

1 TL Natron

2 EL Kokosöl

150 g Apfelmark

Salz

Für die Dekoration

2 EL Apfelmark

30 g Kokosraspel

Außerdem

Osterlamm-Backform

ZUBEREITUNG

Den Backofen auf 180 °C (Ober-/Unterhitze) vorheizen. Die Osterlamm-Backform einfetten und mit etwas Mehl bestäuben.

Die Datteln mit kochendem Wasser übergießen und für 30 Minuten quellen lassen, dann die weich gewordenen Datteln mit den restlichen Zutaten sowie 1 Prise Salz in einem Standmixer vermengen.

Den Teig in eine Osterlamm-Backform geben und im heißen Ofen (Mitte) bei 180 °C für 30 Minuten backen. Anschließend für 15 Minuten in der Form ruhen lassen, dann erst vorsichtig aus der Form lösen.

Das Apfelmark mit 2 EL Wasser vermischen und das Lamm damit einpinseln. Zum Schluss noch alles mit Kokosraspel bestreuen. Wer mag, kann dem Lämmchen noch eine Schleife um den Hals binden.

TIPP

Für andere oder auch ganz ohne Anlass können auch andere Formen verwendet werden. Wie wäre es mit Muffins oder Donuts?

SOMMERLICHE WATERMELON CUPCAKES MIT KOKOSNUSS

Mit wenigen Zutaten sind diese niedlichen Cupcakes schnell gemacht. Auf jeder Party ein Highlight, aber besonders im Sommer auch einfach eine schöne Erfrischung.

ZUTATEN

FÜR 12 CUPCAKES

Zubereitungszeit: 30 Minuten

1 Wassermelone

12 Kirschen (alternativ Himbeeren)

Für die Sahne

1 Dose Kokosmilch

1 Vanilleschote

Außerdem

12 Papier-Muffinförmchen

ZUBEREITUNG

Die Dose Kokosnussmilch mit der Verschlussseite nach unten über Nacht in den Kühlschrank stellen und nicht mehr umdrehen oder bewegen.

Am nächsten Tag die Wassermelone in 2 cm dicke Scheiben schneiden. Mit einem kleinen Glas oder Keksausstecher Kreise, die in die Muffinförmchen passen, ausstechen. Die Stücke auf die Muffinförmchen verteilen.

Jetzt die Dose aus dem Kühlschrank nehmen, einmal umdrehen, öffnen und nur den cremigen Teil der Kokosmilch vorsichtig mit einem Löffel in eine Schüssel löffeln. Aufpassen, dass keine Flüssigkeit mit ausgelöffelt wird, die kann für ein anderes Rezept aufgehoben werden.

Jetzt die Vanilleschote der Länge nach mit einem kleinen Messer aufschneiden und das Mark herauskratzen. Das Vanillemark zur Kokoscreme geben und die Creme mit einem Handmixer oder Schneebesen cremig rühren. Anschließend in einen Spritzbeutel geben und Tupfen auf die ausgestochenen Melonenstücke spritzen. Mit einer Kirsche bzw. einer Himbeere dekorieren.

TIPP

Das Prinzip funktioniert auch super für eine große Torte aus gestapelten Melonenscheiben! Du kannst auch eine Variante mit anderen Melonen ausprobieren und diese dann einfach mit der Kokossahne bestreichen.

GRUSELIGE MONSTER-SPAGHETTI FÜR HALLOWEEN

Ich habe mich schon immer gerne gegruselt, darum ist Halloween auch meine liebste Zeit. Gruselfilme, ein schauriges Kostüm, alles dekoriert und etwas zu Essen! Aber nicht nur gut, nein – sensationell muss es aussehen! Es ist schließlich Halloween, und das Auge isst mit!

ZUTATEN

FÜR 4 PORTIONEN

Zubereitungszeit: 20 Minuten

20 g Pinienkerne
40 g Sonnenblumenkerne
50 g Spinat
50 g Erbsen
30 g Basilikum
3 Knoblauchzehen
1 EL Zitronensaft
4 EL Olivenöl
4 EL Hefeflocken
1 EL Hanfsamen
Salz, Pfeffer
500 g Vollkornspaghetti

Für die Dekoration

Cashewrella (Seite 61)
Heidelbeeren

ZUBEREITUNG

Die Pinien- und Sonnenblumenkerne ohne Öl in einer kleinen Pfanne bei mittlerer Hitze rösten, dabei die Pfanne immer etwas schütteln, damit nichts anbrennt. Die Kerne sind fertig, wenn sie gut duften und etwas Farbe angenommen haben.

Die Kerne mit allen anderen Zutaten, bis auf die Vollkornspaghetti sowie Salz und Pfeffer, in einen Standmixer geben. 3 EL Wasser hinzufügen und alles cremig mixen. Mit Salz und Pfeffer abschmecken.

Die Spaghetti in einem großen Topf nach Packungsanweisung al dente kochen, Pesto darüber geben und alles gut vermengen. Nun alles auf vier Teller verteilen.

Nun einige runde Stücke vom Cashewrella schneiden und auf die Spaghetti legen. Darauf landen dann die halbierten Heidelbeeren für einen Augeneffekt. Schaurig-schönes grünes Monster!

TIPP

Wer es blutig mag, der kann einige Kleckse Ketchup (Seite 75) darübergeben.

HERZHAFTES PANCIT FÜR'S WEIHNACHTSBUFFET

In meiner Kindheit gab es zu jeder Feierlichkeit Pancit.
Diese traditionell-philippinischen gebratenen Nudeln machen sich einfach toll auf jedem Buffet und schmecken auch kalt gut.

ZUTATEN

FÜR 8 PORTIONEN

Zubereitungszeit: 25 Minuten

500 g dünne Reisnudeln (Vermicelli)
2 Möhren
1 Bund Frühlingszwiebeln
1 Zwiebel
3 Knoblauchzehen
100 g Zuckerschoten
Öl zum Braten
200 g Tofu
200 ml Gemüsebrühe
2 EL Sojasauce
Salz, Pfeffer
1 Handvoll Koriandergrün

ZUBEREITUNG

Reisnudeln für einige Minuten in kaltem Wasser einweichen bzw. nach Packungsanleitung zubereiten, denn einige Sorten müssen mit kochendem Wasser übergossen werden. Sie sollten al dente sein – anschließend gut abtropfen lassen!

In der Zwischenzeit die Möhren schälen und in dünne Streifen schneiden. Frühlingszwiebeln putzen, waschen und in grobe Ringe schneiden. Die Zwiebel und den Knoblauch schälen und grob zerkleinern. Die Zuckerschoten waschen, abtropfen lassen und in Streifen schneiden.

Jetzt in einer großen Pfanne oder einem Wok etwas Öl erhitzen, dann den Tofu mit den Händen hineinbröseln und einige Minuten anbraten, bis er knusprig ist. Dann Möhren, Zuckerschoten, Zwiebeln, Frühlingszwiebeln und Knoblauch dazugeben und alles mit Brühe ablöschen. Die Mischung einige Minuten köcheln, bis das Gemüse weicher ist, dann die Nudeln dazugeben, mit Sojasauce würzen und alles mit Salz und Pfeffer abschmecken. Vor dem Servieren den Koriander waschen, trockenschütteln und das Pancit mit frischem Koriander garnieren.

TIPP

Kohl, Bohnen oder Stangensellerie sind schöne Gemüsevarianten für dieses Gericht. Immer darauf achten, das Gemüse gleich groß zu schneiden, damit alles die gleiche Garzeit hat.

SANTA IM SCHNEESTURM

ERDBEER-JOGHURT-BARK

So sieht es aus, wenn Santa sich durch einen Schneesturm kämpft. Nur die rote Mütze blitzt hier und da raus. Aber das sind natürlich nur gefriergetrocknete Erdbeeren! So schnell ist ein festlicher und leckerer Snack zubereitet.

ZUTATEN

FÜR 1 BLECH

Zubereitungszeit: 10 Minuten (plus 3 Stunden Zeit zum Einfrieren)

½ Vanilleschote

400 g Soja-Joghurtalternative

15 g gefriergetrocknete Erdbeeren

ZUBEREITUNG

Backblech oder eine flache Kuchenform mit Backpapier auslegen.

Die Vanilleschote mit einem kleinen Messer der Länge nach aufschneiden und das Mark herauskratzen. Das Vanillemark im Sojajoghurt verrühren und anschließend die Masse auf das Backblech geben, glatt streichen und mit den gefriergetrockneten Erdbeeren belegen. Für mindestens 3 Stunden ins Gefrierfach stellen, anschließend nur noch in grobe Stücke brechen und servieren.

TIPP

Mit gehackten Nüssen, Kakao-Nibs oder Nussmus bekommt Santa erst so richtig Arbeit – und der weihnachtliche Snack noch ein bisschen Extra-Crunch!

NUSSIGE GINGERBREAD KIDS FÜR DEN ADVENT

Diese Gingerbread Cookies machen so viel Spaß! Am schönsten ist es, mit den Kleinen die Cookies auszustechen, zu backen und dann gemeinsam mit einem Babyccino (Seite 138) zu genießen.

ZUTATEN

FÜR CA. 40 STÜCK

Zubereitungszeit: 50 Minuten

100 g getrocknete Datteln (Medjool, ohne Stein)
100 g gemahlene Haselnüsse
50 g Kokosöl (desodoriert)
140 g Dinkelmehl (Type 630)
1 TL Backpulver
1 EL Backkakao
Salz

Für das Gewürz

2 TL Lebkuchengewürz
oder
1 TL gemahlener Zimt
¼ TL gemahlene Nelken
¼ TL frisch geriebene Muskatnuss
¼ TL Ingwerpulver
¼ TL gemahlener Kardamom

ZUBEREITUNG

Den Ofen auf 180 °C (Ober-/Unterhitze) vorheizen. Ein Backblech mit Backpapier auslegen.

In einem kleinen Topf Wasser zum Kochen bringen. Die Datteln für 30 Minuten in das kochende Wasser legen, dann abseihen und in einen Standmixer geben. Das Lebkuchengewürz ggf. anmischen und zusammen mit allen anderen Zutaten sowie 1 Prise Salz hinzugeben. Alles gut im Standmixer vermengen.

Den Teig auf einer bemehlten Arbeitsfläche ca. 0,5 cm dick ausrollen und in Gingerbreadman-Form ausstechen.

Die Figuren auf das Backblech legen, die Oberfläche mit etwas Wasser bepinseln und die Kekse im heißen Ofen (Mitte) 10–12 Minuten backen.

TIPP

Aus dem Teig lässt sich auch toll ein kleines Lebkuchenhaus backen!

LEBKUCHEN-SCHNITTEN

WEIHNACHTLICH GEWÜRZT

Der Duft von Orangenschale, Kakao, Zimt und Nelke lässt einen erahnen, dass Weihnachten nicht mehr weit ist. Diese Lebkuchenschnitten versüßen die Wartezeit auf das Fest.

ZUTATEN

FÜR 25 STÜCK

Zubereitungszeit: 20 Minuten

50 g Walnusskerne (alternativ andere Nüsse)

40 g Haferflocken

150 g getrocknete Datteln (Medjool)

2 EL Backkakao

Schale von 1 Bio-Orange

2 EL Haselnussmus (alternativ anderes Nussmus)

3 TL Lebkuchengewürz (Seite 162)

Salz

Außerdem

50 Stück Mini Oblaten ø 40 mm

ZUBEREITUNG

Die Walnüsse und die Haferflocken in einem Standmixer mahlen, dann in eine Schüssel geben und beiseitestellen. Die Datteln entsteinen und anschließend ebenfalls im Mixer zerkleinern. Immer wieder die Ränder mit einem Spatel von der Dattelmasse befreien, bis alle Datteln zerkleinert sind. Nun die Nuss-Haferflocken-Mischung wieder hinzugeben. Alle anderen Zutaten, bis auf die Oblaten, hinzufügen und zusammen mit 1 Prise Salz zu einer homogenen Masse mixen.

Nun teelöffelweise Teig zwischen den Händen zu Kugeln rollen und mit leichtem Druck auf eine Oblate pressen, dabei gleichmäßig dünn (ca. 0,5 cm Dicke) bis an den Rand streichen. Eine zweite Oblate leicht darauf drücken und auf diese Weise mit dem restlichen Teig fortfahren.

TIPP

Die Lebkuchenschnitten lassen sich auch gut zu Energy Balls rollen.

FRANKFURTER BETHMÄNNCHEN

GANZ KLASSISCH

Diese Köstlichkeit darf beim Plätzchenbacken nicht fehlen! Die Familie Bethmann hat sie zu Weihnachten backen lassen. Anfangs wurden die Bethmännchen mit vier Mandelhälften geschmückt, eine Mandelhälfte für jeden Sohn der Familie. Der Legende nach hat man, als ein Sohn verstarb, die Bethmännchen nur noch mit drei Mandeln verziert.

ZUTATEN

FÜR CA 20 STÜCK

Zubereitungszeit: 2 Stunden

Für das Marzipan

100 g getrocknete Datteln (Medjool, ohne Stein)

200 g blanchierte Mandelkerne

1 TL Rosenwasser

Für den Teig

30 g Dinkelmehl (Type 630)

50 g blanchierte gemahlene Mandeln

20 ml Sojadrink

Für die Garnitur

50 g blanchierte Mandelkerne

1 EL Margarine

ZUBEREITUNG

Für das Marzipan die Datteln mit kochendem Wasser übergießen und für 10 Minuten ziehen lassen. Dann das Wasser abgießen und die Datteln im Standmixer cremig pürieren. Mandeln und Rosenwasser hinzugeben und alles zu einer homogenen Masse mixen.

Die Mandeln für die Garnitur längs halbieren.

Das Marzipan mit Mehl, gemahlenen Mandeln und dem Sojadrink mit den Händen zu einer Masse verkneten, diese in Frischhaltefolie einpacken und ca. 1 Stunde kalt stellen.

Nun den Backofen auf 160 °C (Ober-/Unterhitze) vorheizen und ein Backblech mit Backpapier auslegen. Die Margarine in einem kleinen Topf bei niedriger Hitze schmelzen.

Den Teig mit ganz leicht angefeuchteten Händen zu etwa 2,5 cm großen Kugeln formen und je 3 Mandelhälften hochkant seitlich hineindrücken. Die Kugeln mit der Margarine einpinseln und auf das vorbereitete Backblech setzen. Im heißen Ofen (Mitte) 10–15 Minuten goldbraun backen.

Vollständig auskühlen lassen.

TIPP

Das Marzipan macht sich auch gut als Füllung im Bratapfel oder zu Kugeln gerollt und in Kakao gewälzt als leckere Marzipankartoffeln.

REGISTER

V

W

Z

NOCH MEHR TOLLE BÜCHER

Wenn du jetzt auf den Geschmack gekommen bist und dich noch weiter an veganer und zuckerfreier Küche versuchen möchtest, findest du hier einige Empfehlungen zum weiter schmökern. Viel Freude beim Kochen wünscht die Edition Michael Fischer!

**ZUCKERFREI –
DAS FAMILIEN-KOCHBUCH**
ISBN 978-3-7459-0902-9
€ 22,00 (D) I € 22,70 (A)

**BOSH! SUPER FRESH –
SUPER VEGAN.**
ISBN 978-3-7459-0123-8
€ 9,99 (D) I € 10,30 (A)

**SPEEDY BOSH!
SCHNELL – EINFACH – VEGAN**
ISBN 978-3-7459-0506-9
€ 22,00 (D) I € 22,70 (A)

**VEGAN FOR FUTURE –
111 REZEPTE & GUTE GRÜNDE, KEINE TIERISCHEN PRODUKTE ZU ESSEN**
ISBN 978-3-96093-868-2
€ 18,00 (D) I € 18,50 (A)

ÜBER DIE AUTORIN

Mira veröffentlicht seit 2009 auf ihren beiden YouTube Channels funnypilgrim und yummypilgrim Videos mit veganen Taste Tests, yummy Rezepten und Einblicken in ihren Alltag. Die Frankfurterin, die seit 2016 vegan lebt, ist begeisterte Köchin und Mama. Sie legt großen Wert auf eine ausgewogene pflanzliche Ernährung und teilt ihre Lieblingsrezepte für die ganze Familie mit ihrer großen Community. Wichtig sind in ihrer Küche eine schnelle, stressfreie Umsetzung, frische Zutaten und ein spannender Aromen-Twist.

DANKSAGUNG

Der größte Dank geht an meinen Mann und meine Mutter. Ihr haltet mir den Rücken frei, und ohne euch wäre dieses Projekt gar nicht möglich gewesen!
Danke auch an Studio71 und besonders Jana Aasland, die dieses Projekt in Windeseile für mich auf die Beine gestellt hat.
Danke an den EMF Verlag für die Chance und die super Zusammenarbeit. Lisa Helmus versteht einfach genau, wie ich ticke.
Ein besonderes Dankeschön geht an Carmen Hercegfi, die mit ihren Texten dieses Buch erst besonders wertvoll gemacht hat.
Und zu guter Letzt geht ein großes Danke an alle, die es entweder mal vegan versuchen, jetzt mehr vegan kochen oder ganz vegan leben.

QUELLEN/STUDIEN

Weder S, Hoffmann M, Becker K, Alexy U, Keller M. *Energy, Macronutrient Intake and Anthropometrics of Vegetarian, Vegan, and Omnivorous Children (1-3 Years) in Germany* (VeChi Diet Study). Nutrients. 2019 Apr 12;11(4):832. doi: 10.3390/nu11040832. PMID: 31013738; PMCID: PMC6521189.

Weder S, Keller M, Fischer M, Becker K, Alexy U. *Intake of micronutrients and fatty acids of vegetarian, vegan, and omnivorous children (1-3 years) in Germany* (VeChi Diet Study). Eur J Nutr. 2022 Apr; 61(3):1507-1520. doi: 10.1007/s00394-021-02753-3. Epub 2021 Dec 2. PMID: 34855006; PMCID: PMC8921058.

Alexy U, Fischer M, Weder S, Längler A, Michalsen A, Sputtek A, Keller M. *Nutrient Intake and Status of German Children and Adolescents Consuming Vegetarian, Vegan or Omnivore Diets: Results of the VeChi Youth Study. Nutrients.* 2021 May 18;13(5):1707. doi: 10.3390/nu13051707. PMID: 34069944; PMCID: PMC8157583.

Alexy U, Fischer M, Weder S, Längler A, Michalsen A, Keller M. *Food group intake of children and adolescents (6-18 years) on a vegetarian, vegan or omnivore diet: results of the VeChi Youth Study. Br J Nutr.* 2021 Sep 13:1-12. doi: 10.1017/S0007114521003603. Epub ahead of print. PMID: 34511141.

Hohoff E, Zahn H, Weder S, Fischer M, Längler A, Michalsen A, Keller M, Alexy U. *Food Costs of Children and Adolescents Consuming Vegetarian, Vegan or Omnivore Diets: Results of the Cross-Sectional VeChi Youth Study. Nutrients.* 2022 Sep 27;14(19):4010. doi:10.3390/nu14194010. PMID: 36235662; PMCID: PMC9573339.

Hovinen T, Korkalo L, Freese R, Skaffari E, Isohanni P, Niemi M, Nevalainen J, Gylling H, Zamboni N, Erkkola M, Suomalainen A. *Vegan diet in young children remodels metabolism and challenges the statuses of essential nutrients.* EMBO Mol Med. 2021 Feb 5;13(2):e13492. doi: 10.15252/emmm.202013492. Epub 2021 Jan 20. PMID: 33471422; PMCID: PMC7863396.

Desmond MA, Sobiecki JG, Jaworski M, Płudowski P, Antoniewicz J, Shirley MK, Eaton S, Książyk J, Cortina-Borja M, De Stavola B, Fewtrell M, Wells JCK. *Growth, body composition, and cardiovascular and nutritional risk of 5- to 10-y-old children consuming vegetarian, vegan, or omnivore diets.* Am J Clin Nutr. 2021 Jun 1;113(6):1565-1577. doi: 10.1093/ajcn/nqaa445. PMID: 33740036; PMCID: PMC8176147.

IMPRESSUM

Bibliografische Information der Deutschen Bibliothek.

Die Deutsche Bibliothek verzeichnet diese Publikation in der Deutschen Nationalbibliografie.

Detaillierte bibliografische Daten sind im Internet über http://www.dnb.de/abrufbar.

EIN BUCH DER EDITION MICHAEL FISCHER

1. Auflage 2023

Covergestaltung: Michaela Zander und Silvia Keller

Redaktion und Lektorat: Lisa Helmus

Layout und Satz: Michaela Zander

People-Fotografie: © Dèsirèe Gehringer, Rodgau; S. 7, 13, 23, 66/67: © Souheil El Ghoudani

Foodfotografie und Foodstyling: © Maria Panzer, Offenburg

Sonstige Bilder: Gemüsekorb Cover: © exopixel/shutterstock; S. 14: © nadianb/shutterstock; S. 9: © Denise | Johnson/shutterstock; Zitrone-, Blätter-, Erdbeeren-Illustration: © Elvina Gafarova/shutterstock; Brush Strokes Cover: © Anastasiia Gevko/shutterstock; Striche-, Herzen-, Sterne- und Kronen-Illustration: © Perfectorius/shutterstock; Zwiebel- und Johannisbeer-Illustration: © Yuliya Lins/shutterstock; Pasta-Illustration: © RidiUmbrella/shutterstock; Brokkoli-Illustration: © Ramziya Khusnullina/shutterstock

ISBN 978-3-7459-1631-7

Gedruckt bei Polygraf Print, Čapajevova 44, 08001 Prešov, Slowakei

www.emf-verlag.de